獻　給

香港浸會大學

「基督宗教與文明導論」課的學生

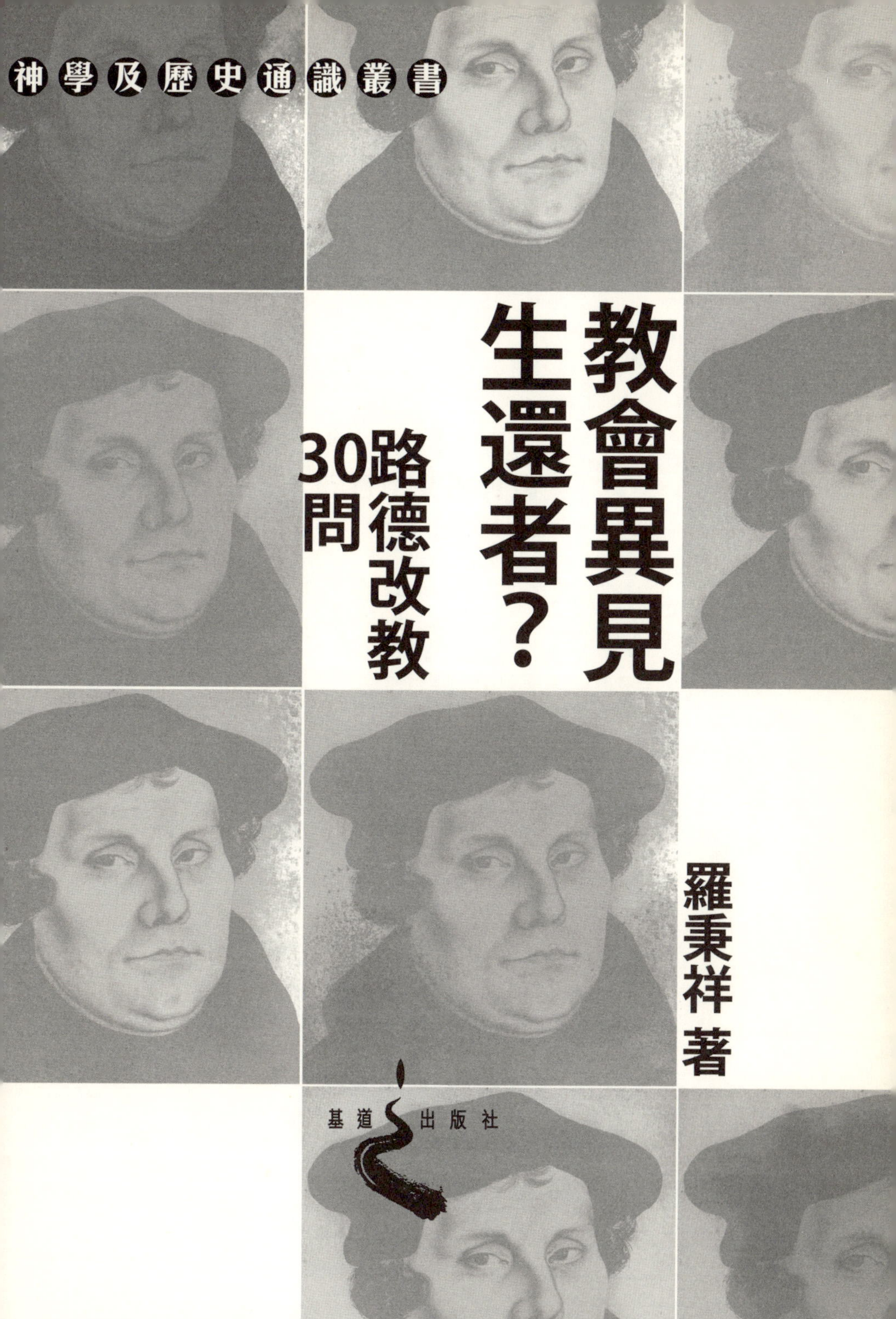

神學及歷史通識叢書
教會異見生還者？
路德改教30問
羅秉祥 著
基道出版社

▼

神學及歷史通識叢書

教會異見生還者？

路德改教 30 問

作者
羅秉祥 P.C. Lo

責任編輯
沈靜筠

裝幀設計
奇文雲海 · 設計顧問

■

出版 / 發行
基道出版社
香港沙田火炭坳背灣街 26 號富騰工業中心 1011 室
LOGOS PUBLISHERS
Unit 1011, Fo Tan Ind. Centre, 26 Au Pui Wan St., Shatin, Hong Kong
電話：(852) 2687-0331　傳真：(852) 2687-0281
網址：http://www.logos.com.hk

承印
陽光 (彩美) 印刷公司

●

10/2017 初版
Cat. No. LP262
ISBN: 978-962-457-547-7

刷次	10	9	8	7	6	5	4	3	2	1
年份	2026	2025	2024	2023	2022	2021	2020	2019	2018	2017

自序

香港社會近年發生很多令人憂心的事，事件一波接一波，並且是史無前例的。如何把握這些事件的意義？如何評價這些事件？如何回應這些事件以建設未來？

大部分香港基督教教會，面對這些急劇及前所未有的改變，時常滯後，置身事外，彷彿成為一股守舊且抗拒改變的力量。但是基督教教會（有別於天主教、正教會），卻誕生於五百年前急劇求變的激進運動當中。基督教的英文稱為 Protestantism（抗議宗，有些中譯為更正教），但香港有很多的基督教教會，卻對「抗議」懷有反感，把抗議等同搞事。

因為這個社會背景，筆者對宗教改革歷史產生濃厚興趣。於是筆者便離開抽象的思想，進入特定的事件中。究竟一連串天翻地覆的改變，是如何展開的呢？一五一七年十月三十一日發生的事件，與後來的事有甚麼因果關係？英雄與時勢，是怎樣互動的？天時、地利、人和，如何配合？

歷史有很多「意外」，不是任何事都是操之在人。若我們意圖改變歷史發展的方向，我們需存謙卑；但若我們不願意參與這種改變，最終只會被歷史淘汰。五百年前天主教領導人不理會時勢大局，不願意接受改變，最終丟掉歐洲一半版圖。（聚會人數正在下降的香港教會堂會，謹希警惕。）

今年是宗教改革五百週年，不趁這機會補課，等於忘本；忘本的代價就是迷失方向。當「更正教會」不知道教會成立的初衷、目的與使命，失去了自我更正的意識，就只能隨波逐流。

馬丁路德被逼發動改革運動，乃因對當時教會社會的重重流弊，並教會領袖的麻木不仁，「哀莫大於心死」，今天教會仍醒覺到這種意識嗎？每一個時代教會的陋習都不同，我們有否與時並進，洞悉今天教會的新陋習、新盲點？我們的教會是否還有冥頑不靈的固執領袖，不願意聆聽異己聲音的「基督教一言堂」?

歷史是一面鏡子，讓我們看到自己的境況，省察自己，溫故知新。

馬丁路德不是聖人，他的個性有不少人格瑕疵，但這個主題不是本書的重點，有興趣的讀者可看一些有關馬丁路德的最新研究著述。

本書是一本普及讀物，並非學術著作。本書對普世的馬丁路德研究並無任何貢獻，筆者只是想把西方學術研究的最新成果，結合自己的研讀心得，介紹給中文讀者，適逢這宗教改革五百週年，盼能增加讀者對馬丁路德早年生涯的認識。這本書也不是全面介紹路德的生平及改革事業，而是把重點放在一五一七至一五二一年間，路德如何從一個服從性很高的修士，演變為一個大規模不服從運動的領袖。本書只是選擇介紹其發展主線。為免讀者分心，有些細節和一些無關緊要的人名及地名皆從略。

一九八三年秋，筆者當時剛開始在耶魯大學修讀博士學位，目睹學界及教會對馬丁路德誕生五百週年的熱切討論，與目前香港學界及教會對《九十五條論綱》五百週年的不冷不熱，有著非常強烈的對比。因此萌生寫這本小書的念頭。七月中開始動筆，八月中大致完稿。

為方便一般讀者閱讀，筆者把這段歷史，細分為三十問，每一問約一千字，讓讀者可以在兩分鐘內讀完。於此呈獻給讀者的，是三十件不同的壽司，邀請大家逐件品嘗。

有三個因素奠定這本小書的寫作基礎：(1)因為這次五百週年紀念，筆者自今年一月開始，幾乎每個星期，都撥出時間閱讀路德及改革運動的著作，並曾在不同場合講授讀書心得。(2)是年五月，帶領浸大校牧處舉辦的宗教改革考察之旅，細味路德人生足迹的重要地方。(3)筆者之前對馬丁路德帶動的改革運動曾做了一些基本研究，因為這十年來，每年都在浸大宗哲系講授一門「基督宗教與文明導論」的課，其中一個星期，就是討論宗教改革。回望這段寫作之路，實在教學相長。因此，這本書是獻給香港浸會大學「基督宗教與文明導論」課的學生。馬丁路德因為他大學教授這個身分，他才有權貼出《九十五條論綱》，要求大學辯論。筆者在浸會大學執教快滿二十七年了，寫這本書記念五百週年，責無旁貸。

羅秉祥

二〇一七年八月二十八日

備註：本書所有人名、地名的中文翻譯，主要是根據四卷本《路德文集》每冊最後所附的「中外語翻譯對照表」。

目錄

第二部
馬丁路德 ×《九十五條論綱》:我不能再沉默!

第三部
馬丁路德 × 宗教改革：無心插柳柳成蔭？

第一部

馬丁路德×歷史背景
「贖罪券」惹的禍？

1.
五百週年，記念何事？

> 宗教改革五百週年，
> 究竟五百年前發生甚麼事？

二〇一七年四月，從溫哥華飛回香港旅途的最後一小時，我與鄰座的「港漂」聊天。她來自上海，在中文大學畢業後，留在香港工作已有幾年。跟她談起香港一些事，覺得她不太了解香港。我告訴她：「要明白此時此刻香港為甚麼發生某些事，或香港市民有某些激烈的反應，就要先了解香港以往二十年發生了甚麼事。知道了這些事，才能洞悉所產生的雪球效應。要先明白昔日的香港，才能理解今天的香港。」我給了她幾個例子（為何每年七一都要遊行？其起源是二〇〇三年的反對二十三條立法；二〇〇四年西九龍文化區計劃在諮詢後不惜推倒重來，當時政府仍很重視公眾諮詢後的民意，與此相比，二〇一六年林鄭月娥在興建西九故宮文化博物館一事上，她並沒有諮詢公眾意見就拍板決定，難怪引起爭議）。此時她才恍然大悟，她居港不到十年，我所告訴她的往事，她全不知道。

同理，要了解五百年前馬丁路德所做的事有何意義，也必須明白之前一百年在德意志地區發生了甚麼事。缺乏這個歷史知識，就會對五百年前發生的事，產生很多誤解。

華人教會對五百年前馬丁路德所做的事，有太多誤解。我們老生常談地說，約五百年前，馬丁路德於威登堡教堂門上貼上《九十五條論綱》，「從此點燃了宗教改革的復興之火」，或「從此展開了浩浩蕩蕩的宗教改革運動」。這些陳腔濫調，不單是簡化歷史，而且是誤解歷史。當教會誤解其過去，就會缺乏一個座標來診斷自己現在的問題。

於五百年前（一五一七年十月三十一日），在歐洲德意志地區一個非常小的市鎮威登堡（Wittenberg），一所面積很小、歷史很短、沒有知名度的大學，裏面有一個默默無聞的小教授，名叫馬丁路德（Martin Luder），他非常認真地做了三件家常便飯式的平常事。

1. 身為教授，他時常出題目給學生辯論。不是一條題目，而是一連串的相關命題。那天，他在大學報告版（城堡教堂側門），貼出《九十五條論綱》，希望大家來辯論有關教會大赦效能的九十五個相關命題。
2. 為了讓更多人知道這些急待辯論來澄清的問題，他把這《九十五條論綱》交給當地的印刷廠。透過活版印刷這新技術，他的意念便可廣傳給普羅大眾。這是他第二次將所擬的辯論題目印刷出版。
3. 他同時身為教會神父，於是也寫了一封信給他的上司（所屬教區的主教及總主教），報告他在教區內的教會所提出的問題，並且附上一份《九十五條論綱》手抄本。

翌年（一五一八年）年初，他把《九十五條論綱》的內容，去掉拉丁文學術語言，改用通俗德語，並以講道的體裁，出版了《論大赦與恩典的講章》。

為甚麼馬丁路德那麼迫切希望大家辯論「大赦」這個題目？這些事件在當時有甚麼意義？首先，我們需要知道「大赦」這個教義的來龍去脈。其次，要明白在馬丁路德之前這個教義在歐洲的實踐情況。

我們要先明白昔日的香港發生了甚麼事，才能理解今天香港為何發生某些事及其爭議。同樣地，要明白馬丁路德當年為何對當時的「大赦」有爭議，我們必須明白之前一、二百年發生了甚麼事。

2.
當懺悔成為聖事

> 大赦制度的源頭是懺悔聖事，
> 這個聖事從何而來？有哪些元素？

教會從早期開始，就已重視基督徒接受水禮後仍然犯罪這問題。這不單是基督徒個人生活問題，而且還影響到教會的見證與聲譽，影響到福音在社會中廣傳。因此教會認為需要認真處理這問題，使當事人深切悔改更新；信徒自己私下認罪禱告，然後就若無其事繼續生活，是不足夠的。用今天的話說，有嚴重過犯的弟兄姊妹，他們需要在教牧輔導底下，真心向主認罪，並立志改變，安排以後過更新的生活。

中世紀教會針對上述的問題，定下一個「懺悔聖事」

（sacrament of penance）。教會把基督徒罪過的嚴重性劃分為大罪（mortal sin）及小罪（venial sin），由於大罪會嚴重破壞我們的基督徒生命，犯下大罪者必須向神父告解懺悔，否則就會下地獄。（參加五 19～21：「行這樣事的人必不能承受上帝的國」；林前六 9～11：「都不能承受上帝的國」。）

懺悔聖事，包含四個部分：（1）告明（confession）：當事人必須誠實説出自上次告解後，所有犯罪行為及其細節，不能有任何隱瞞；罪的範圍包括行為、言語、思想。（2）痛悔（contrition）：當事人必須對自己所犯的罪行，表達內心中的厭惡及傷痛；他們告解是出於對天主的愛，而不是出於害怕下地獄這不良動機（attrition）。（3）赦免（absolution）：神父於信徒痛悔認罪後，以耶穌基督之名，赦免其罪過；信徒因此從「罪的狀態」，再回到「恩寵的狀態」。（4）補贖（satisfaction）：神父宣布赦免後，當事人所犯的罪愆已被完全免除，但這個罪所帶來的懲罰並非完全免除，只是得以減刑：從一個永恆的懲罰（地獄），減為一個有時限的懲罰。雖然如此，這個大罪仍對當事人的靈性健康有害。當事人現已重回「恩寵狀態」，他日後應該會行善，使失序的靈性得以復元，以彌補（satisfy）懲罰；這個彌補或補贖行為，由神父按照當事人的情況而指定，協助這個教會肢體脫下舊人，穿上新人。

儘管基督教並不接受上述程序是一項「聖事」，我們應欣賞其精神。人犯罪，因為人有罪性。信主後，基督徒仍是活在聖靈與肉體之爭中（參羅七；加五）。整個基督徒的人生，都要致力釘死自己的邪情私慾，克服我們的罪性，不斷脫下舊人，穿上新人（參弗四 17～24；西三 5～10）。當今基督教教會在挽回失足跌倒的信徒或教牧時所執行的紀律，大致也是如此行。因此，馬丁路德在《九十五條論綱》第一條就説，基督徒應該畢生以這個悔改的態度做人。他並且在第三條説，耶穌所説的悔改「亦非單指內心悔改。內心悔改若不會使人外顯攻克己身的表現，便失去其意義」。

3.
人死後往煉獄去？

「煉獄」從何而來？
與懺悔聖事有何關係？

天主教強調，基督徒跌倒後會有兩個後果：罪咎、刑罰（參《九十五條論綱》第5及第6條）。當事人經過懺悔聖事後，已脫離罪的狀態，進入恩典狀態。因此，神父宣布其罪過得到耶穌赦免後，他的罪咎已經完全得到赦免；至於刑罰，「永罰」也得赦免（不用進地獄），但「暫罰」（人在塵世期間所受的苦難與考驗）仍存。

這個「暫罰」，不是對罪人的報應（「以牙還牙」），而是對罪人的更新。罪咎宣布得赦免後，神父會指定這個蒙赦罪的信徒必須做一些事來「補贖」，以煉淨人因犯罪而扭曲的靈性。

傳統的補贖行為，包括施捨、禱告、禁食(按照太六)。之後，在中世紀，教會規定了其他善工，如到聖地朝聖、支持建立一個新修道院、支持建立新教堂等。然後，在中世紀後期，教會再訂出一個新規定：任何一個大罪的暫罰，必須要為期七年才能完成，靈魂才能煉淨。(馬丁路德在《論大赦與恩典講章》就明確反對這個七年的硬性規定。)

這個新規定帶來深遠後果。一個中年人若犯了五個大罪，他需要三十五年才能完成所有補贖暫罰。對於當時一個中年人來說，他可能在有生之年，也不能完成所有補贖暫罰，煉淨靈魂；那麼這個人死後就要進入「煉獄」繼續受苦，使靈魂得到淨化。(「煉獄」〔purgatory〕一詞來自拉丁文“*purgatorium*”，這名詞源於動詞“*purgare*”，有精煉之意。)人在晚年犯大罪，雖然他已做懺悔聖事，但注定必下煉獄長期受苦受罰(參《九十五條論綱》第 10 條)。

「煉獄」這個教義的出現，是以耶穌所說八福之一為根據：「清心的人有福了，因為他們必得見上帝。」(太五 8) 當時教會的詮釋是，人面見天主，是來生的事，而其先決條件是靈魂潔淨。當人離開世界時靈魂還沒有煉淨，就不能上天堂面見天主。因此，天主另外成立了一個地方，讓人的靈魂透過受苦，完成煉淨，滿足「暫罰」。而當時教會教導，一般人要留在煉獄的日期很長，可以是幾百到幾千年。煉獄內所受的苦，性質上與地獄所受的一樣，只是前者是有盡期的。

馬丁路德認為，這個以煉獄來賦予「暫罰」的新詮釋導致信徒非常恐懼。《九十五條論綱》第十四至十五條說：「瀕死者誠信不足，愛心有缺，必然會深感惶恐；而且愛心愈小，恐懼愈大。這種懼怕或惶恐本身就足以構成煉獄的刑罰，更不用說其他，因為這是瀕臨絕望的恐懼。」

4.
有「大赦」就罰少些？

「大赦」從何而來，
與煉獄有何關係？

天主透過教會寬大為懷（拉丁文"*indulgentia*"），若當事人做了某些敬虔行為（如朝聖、敬禮聖徒遺物等），教會可以給他們「大赦」（indulgence），這「大赦」可減少或免去這些暫罰。換言之，在煉獄受苦的時間可以縮短。（聖徒遺物的定義很廣，除了其遺體、遺骨，還有他們生前的用品，如衣、牀。現在我們到歐洲旅行，在參觀天主教教堂時，他們很多都聲稱擁有某些聖人遺物。）

得到大赦，在煉獄受苦的時間可以縮短多少？這牽涉到一個非常深奧的數學問題，只有教會高層才會算。馬丁路德所在的威登堡，有一個名為城堡教堂的地方（也就是日後馬丁路德張貼《九十五條論綱》的教堂），裏面收藏了大量聖徒遺物，那教堂聲稱若信徒朝見敬禮所有遺物，共可以減免煉獄時間十萬年！

教會之所以有這個大赦權，是因為教宗為教會之首，他可以挪用「諸聖功德寶庫」內的功德，以抵銷這些塵世內的懲罰。除了「有限大赦」，在某些特別情況，教宗還可以頒布「全大赦」，使受益人可完全免除他那時那刻需要接受的所有塵世內的懲罰。信徒可以拿著一張大赦證明書，找神父告解，神父宣布當事人的罪過得到赦免後，也宣布因為他拿到教宗的全大赦，他那時那刻累積的所有塵世內的懲罰也一筆勾銷。

教宗之所以有這個權力，按天主教所說，是根據馬太福音十六章 19 節，「我要把天國的鑰匙給你；凡你在地上所捆綁的，在天上也要捆綁；凡你在地上所釋放的，在天上也要釋放。」這段話是耶穌對彼得說的，而歷任教宗都是彼得的傳人，他們也擁有同樣的權力。

與馬丁路德同年代的人文學者伊拉斯姆（Erasmus）在其名著《愚人頌》（*In Praise of Folly*, 1509）中，透過一個「愚人」發出對教會的諷刺，其中一段就是針對這個神祕莫測的煉獄減免算法：「我對那些擁抱著偽造赦免的人該說甚麼好呢？他們彷彿用沙漏計量煉獄中的時間長度，毫無錯誤地計算出有多少個世代、年、月、日、時、分、秒，猶如有一個數學表格提供精算似的。」

5.
「贖罪券」惹的禍？

> 為何「贖罪券」是錯譯，
> 而「大赦證明書」才是正確的翻譯？

在馬丁路德的時代，一般人擔心的，就是在煉獄要煎熬一段長時間。煉獄是一種「暫罰」，是一種致死的大罪得到赦免後所剩餘的刑罰。罪已赦免，因此當事人所得到的那張大赦券，不是用來贖罪。中世紀天主教還不至於有這膽量，說教宗有權贖罪；教宗能做的，只是減罰大赦，以諸聖人的功德，抵銷減輕了人要受的罰。特別是全大赦，人拿到這份證明文件，就可以回去找自己教堂的神父告解，完成手續後，便安心自己不會在煉獄煎熬太久。

假如該文件可以贖罪，就可以令人離開地獄。地獄，只有兩個可能性：進地獄和不用進地獄；這是沒有第三個可能性：減少留在地獄的時間。煉獄卻遠遠不只兩個可能性，因為每個人在煉獄受苦的長短不一，因此留下很大空間，讓教會有斟酌減免的餘地。大赦教義剛開始時，教宗只聲稱可以減少在煉獄的時間，所以這是一個有限的大赦。但在一〇九五年，教宗烏爾班二世為了鼓勵一般信徒參與十字軍東征，發出「全大赦」，任何人戰死沙場，就馬上直上天堂，無需經過煉獄的苦煉。到了一三〇〇年，當時教宗發出「禧年大赦」，凡任何人於當年到羅馬的使徒墳墓（彼得、保羅）禱告，都可以獲得全大赦。這個作法很受各方歡迎，於是往後的「禧年大赦」的頒發頻率，從一百年縮為五十年，再縮為每二十五年頒發一次。

大赦，原是為在生信徒行懺悔聖事引申出來，所以是為在世信徒而設的。大赦制度，可以說間接鼓勵信徒去行懺悔聖事；此聖事完成後，不單罪得耶穌赦免，而且暫罰也減免，因為這信徒已作了一些教會指定的敬虔善工。但自從一四七六年開始，當時教宗又提出新詮釋，全大赦不只是在生信徒才可受惠，連已去世正在煉獄受苦的靈魂也有效。這個演變就真是脫離原意了。一個信徒獲得大赦，是因為這信徒作了一些教會指定的特定善工；那些已經在煉獄的靈魂，他們沒有作這些特定善工，為何無端白事會得到大赦？

馬丁路德在修道院期間，曾被派到羅馬出差，處理一些與他們修道院有關的事。羅馬內有些特別的教堂是聖地，而彌撒本身是一種功德，於是馬丁路德也趁機在其中一個聖堂為他去世的親戚做了一次私人彌撒，其功德可以使他脫離煉獄。

《九十五條論綱》的正式名稱是《關於大赦效能的辯論》，但華人教會一直以來把這文件翻譯為《關於贖罪券效能的辯論》。贖罪券的效能沒有甚麼好辯論，只是能否贖罪的問題。但大赦效能就有很多可以辯論的地方，如上述解釋，大赦只是有限大赦，還是可以是全大赦？大赦只對在生信徒有效，還是對在煉獄的亡靈也有效？甚麼刑罰教會可以大赦，甚麼刑罰不可以？

《關於大赦效能的辯論》第二十七條，提到當時的大赦促銷員有一句口號：「錢幣在錢箱中叮噹一響，靈魂就立時飛出煉獄。」假如那張文件可以為亡人贖罪，那個靈魂就可以憑券飛出地獄，而不只是能令亡靈脱離煉獄而已。

當時天主教神學清楚陳述，大赦之根據是「諸聖功德寶庫」內的功德，因此這只能減免那些經懺悔聖事獲得罪赦的信徒在煉獄的受苦時間。天主教清楚肯定，只有耶穌才可為我們贖罪。大赦的先決條件是透過神父執行懺悔聖事獲得罪赦，這樣大赦才發揮其減罰作用。換言之，那張券能發揮其作用，是在罪得赦免後，而非在罪得赦免前。不過，這個清晰的界定，在馬丁路德的時候，卻受到某些人故弄玄虛；這是後話。但正如筆者在本部第一問所解釋（參本書頁 3～6），我們需知道天主教本來的神學，才能掌握馬丁路德那段時期的爭議。

一五〇三年的大赦證明書，現藏於柏林德國歷史博物館。

這是路德時代用來收集捐款換取大赦的錢幣箱，現藏於路德故居博物館。

6.
教會又要籌款？

甚麼時候開始「販賣大赦」的？

大概在十三世紀發展出來的大赦神學，規定較嚴，當事人若行了某些敬虔善功（如朝聖、敬禮聖徒遺物等），教會可以給他們「大赦」，減少或免去這些暫罰。換言之，在煉獄受苦的時間可以縮短。漸漸地，這些敬虔善功範圍擴大，包括捐贈聖堂、學校、醫院。他若能親自參與或以錢資助十字軍東征，也可獲得全大赦。於是，所謂特定敬虔善功，很多時候到最後就是捐錢。對當時一般信徒而言，他們覺得他們所能做的，就是「購買」大赦。

天主教教廷也發現頒發大赦是一個最好的募款方式，於是便不斷頒發新大赦。在馬丁路德年少時，最有名氣的大赦宣講員是一個名叫 Raymond Peraudi 的樞機主教，他於一四八六至一五〇四年間，在德意志地區巡迴推行三次大赦，就像現代歌星巡迴演出一樣。這些大赦的推行在每一地區都有嚴格的組織與步驟，以及會與當地教會制定一些協議(例如三分之一歸當地教會，三分之二歸教廷)，因此推展得非常順利，收入甚多。

正因為從一四七六年開始，教宗說大赦的效能已延伸到身處煉獄的亡靈，於是以捐贈的方式來換取大赦的收入便大大增加了。以前家中每人都有一張全大赦證明書的家庭就有保險了，現大赦的效能演變為可以替去世的家人(父母、祖父母、孩子、孫子)換取大赦，於是教廷透過大赦而得到的募款非常可觀。再加上德意志人古登堡(Gutenberg)於一四三九年發明了活版印刷，這令教廷可以非常靈活地在不同地區印製大量的大赦證明書，以提供後勤支援，省免運輸的麻煩。證明書上預留兩個空格，一個填上受益人姓名，另一個填上得減免的煉獄刑期。

這個大赦的買賣大規模展開，引起多方人士不滿。教會內有些有識之士，如 Dietrich Morung 神父於一四八九年在教會講道時，公開質疑大赦效能可延伸到煉獄這個新教義，結果就被驅逐出教及坐牢十年。其他異議人士也就因此噤若寒蟬。更值得注意的是，馬丁路德在奧古斯丁修院時的屬靈導師約翰施道比次（Johann von Staupitz），他同時是該修會全德意志領導人之一，在一五一六年連他也看不過眼，於某次講道中也批評當時推行大赦的促銷手法。一五一七年初，他還把這次講道的拉丁文版及德文版出版。因此，馬丁路德於一五一七年底公開《關於大赦效能的辯論》，並不是第一個公開批評當時買賣大赦的人。

對於這個羅馬教廷販賣大赦的風氣，德意志地區的領主也很不高興，因為當時錢幣才剛開始，而大部分人的買賣仍是採用物品互換的形式。要獲得大赦，卻一定要用錢幣；三十年來斷斷續續的販賣大赦的運動，導致德意志地區的錢幣短缺。

7.
馬丁路德的「蒙召見證」是怎樣的？

馬丁路德成為修道院修士後，
他對懺悔聖事態度如何？

馬丁路德於一四八三年在埃斯勒本（Eisleben）出生。他父親 Hans Luder 是一名礦工，相信教育可以改變一個人以及全家人的命運；所以從路德十三歲開始，他就先後把這個長子送到不同城市的好學校就讀。最後於一五〇一年，路德十八歲時，他父親把他送到德國中部商業及學術重鎮耳弗特（Erfurt）完成大學課程。路德是一個聰穎的學生，翌年就拿到文科學士學位。三年後（一五〇五年），路德完成了文科碩士課程，即是他有資格在大學中任教。但他爸爸對路德期望甚高，他要求路德接著修讀法學博士學位；有了這個法律的學位，馬丁路德日後的仕途就會很順利，在經濟上也能照顧父母及弟妹。

路德開學後才一個月，不知何故，突然要回家一趟。當時他家人住在曼斯費爾德（Mansfeld），從耳弗特走路回去，單程需時幾天。七月二日初，在回程當中，遇上暴風雨，路德因此向守護礦工的聖徒安娜呼求救命，若安娜能保他的命，他願意成為一個隱修士。事後，路德安全回到耳弗特，真的向同學告別，接著於七月十七日放棄所有，投身到這個城市的一個修道院。這個城市至少有三個大型修道院，路德所選擇的，是以嚴守會規出名的奧古斯丁隱修院。

短短兩星期，路德就徹底改變自己人生的方向，事情可真如此簡單？當代學者有很多猜測，大家都同意，路德的法律博士課程才開始了一個月，路德就要回家一趟，一定有要事與父親商量，事有蹊蹺。很可能路德已經不想繼續修讀法律，但與父親商量過後遭父親否決，而回程途中遇上了暴風雨向聖人求救一事，正是一個可以用來推翻父親決定的理由。進入修道院做隱修士，是一個徹底改變人生的大事，馬丁路德應該不會只憑一場暴風雨得保佑這件事，沒有作出任何事前考慮，就當場下了一個對自己與家人有深遠影響的決定，而且還於十五天後馬上付諸實行。

經過一年見習時間，一五〇六年九月，馬丁路德立下修士誓願（貞節、神貧、服從），正式成為該修院修士。一年後，他被按立為神父。在修道院中，除了每天的多次崇拜、禱告、默想之外，由於路德加入的修會是「謹守教規派奧古斯丁修會」，一方面他要進行苦修（禁食、睡眠時間短、冬天寒衣不足），另一方面每天要向導師做懺悔聖事，認真對付自己的罪。

馬丁路德與他時代的人一樣，沒有把握能得救上天堂，所以對懺悔聖事非常認真，曾經最長一次的告解用了六小時。由於生活於與世隔絕的修道院中，而且修士之間很少談話及互動（否則就不是隱修），所以隱修士一般於外在行為上是非常少犯罪的。於是，他們對罪的警覺主要放在自己的內心世界（自己的心思、意念、做事動機、感受、情緒、及腦海飄過的七情六慾）。隱修士內心世界很複雜，壓抑的情感很多，因此，要懺悔的事也很多。無論做了多少懺悔聖事，馬丁路德都絲毫沒有安全感，內心非常不安。

自從正式加入修會後，路德同時也開始讀神學，完成了神學碩士課程，並開始他的博士學位課程。在耳弗特奧古斯丁修道院中，今天還保存一本當時著名的神學教科書，就是倫巴底（Peter Lombard）編寫的《語錄四書》（*Sententiarum Quatuor Libri*），在這本書的某頁頁邊有路德寫上的評語。

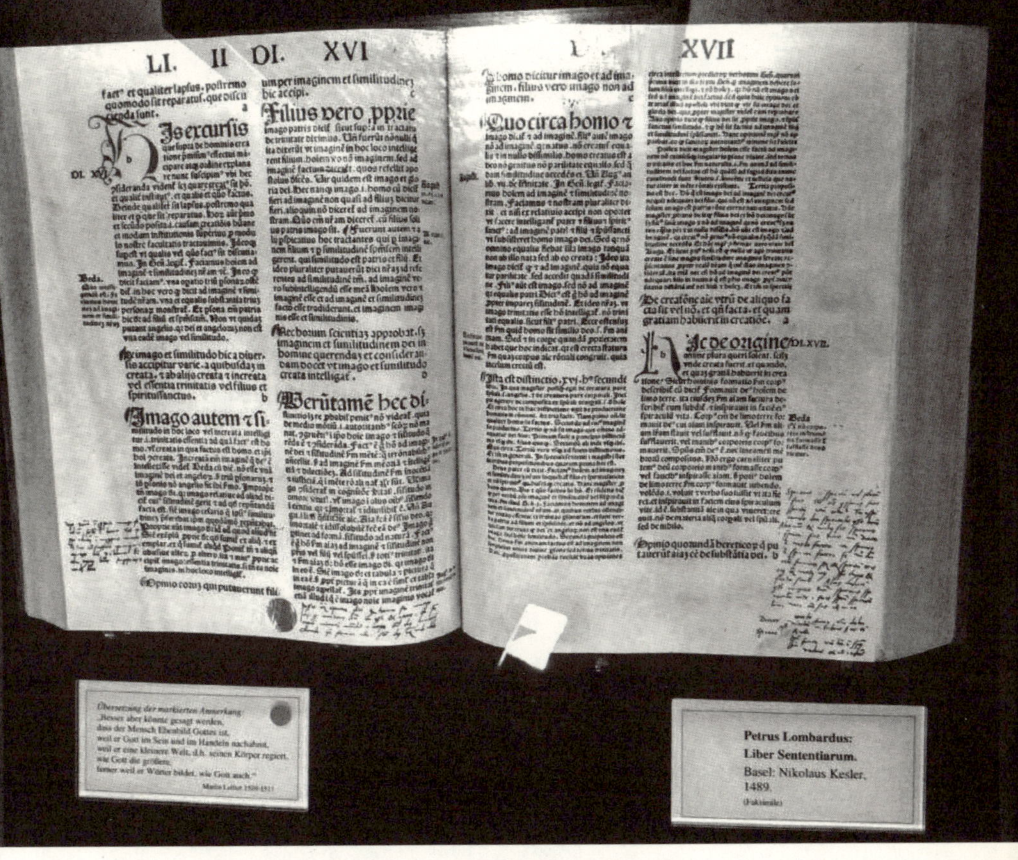

在這本神學教科書的左下方頁邊空白處，路德寫下一些自己的想法。（奧古斯丁修院後來在上面加上紅印，方便參觀者注意。）

耳弗特的奧古斯丁隱修院，路德時期修士的房間就是如此。

8.
馬丁路德原來是被逼當教授的？

馬丁路德為何成為聖經教授？
對他有何影響？

人生的發展，往往並非按照自己原先設計的藍圖。人生的精彩，正是充滿始料未及的改變。我相信不少讀者都有這個經歷。

在耳弗特隱修院的馬丁路德，大概連做夢都沒想過自己以「革命分子」的身分登上歷史舞台，但自從去了威登堡後，他卻不經意地一步一步走近與羅馬教廷的衝突之路。我們通常都以一五一七年為馬丁路德人生的第一個里程碑，但深究一下，其實一五一一年才是把馬丁路德推向改革的第一個轉捩點。

事緣路德在隱修院的屬靈導師約翰施道比次（Johann von Staupitz），因為銳意改革全歐的奧古斯丁修會，所以被晉升為全歐洲奧古斯丁隱修會改革派領袖。他兒時好友，當時為薩克森領主的選侯腓勒德力（Elector Prince Frederick）邀請他到威登堡，協助腓勒德力發展一五〇二年才成立的大學的神學系，以及建立一個奧古斯丁修會的分院，這既為大學培養師資，也讓修士可到威登堡大學進修。

一五一一年施道比次調到威登堡，他帶著兩個修士一起去，其中一個就是馬丁路德。其實施道比次因為修會行政及教學繁忙，所以已在心中選了馬丁路德為他在威登堡大學的接班人，並希望藉此幫助路德走出屬靈低谷。所以搬遷後不久，施道比次就向路德表明心迹，要求路德在威登堡完成他的博士學位，以及接替他的大學教席。路德非常抗拒這個新安排，想了十幾個理由來推搪，但全部都被約翰施道比次推翻。最後，施道比次只能以修會名義，要求路德服從。路德既然起過隱修士服從的誓願，只好無奈接受。按馬丁路德的自述：「我，馬丁博士，蒙召接受這項工作。我絲毫沒有主動權，純粹出於順服，不得已才做博士。」一個儘管不甘心但仍肯服從的修士，為何最後竟然轉變成為一個不服從分子？這是後話。

翌年，路德就完成了神學博士其他要求，於一五一二年正式得到博士學位，以及就職為威登堡大學神學院教授。這個不得已的人生安排，帶來三個意想不到的發展，為路德日後改教生涯奠定基礎。

首先，當時歐洲大學的教學活動都是一模一樣的，上午老師講解經典，下午學生在教授指導下進行辯論。

因為要講解經典，路德於一五一二至一五一七年間，就仔細地講解聖經書卷，包括詩篇、羅馬書、加拉太書。路德一向辦事認真，雖然手邊教材甚多，但他卻拒絕人云亦云，寧願辛苦親力親為重新備課。路德利用當時新發明的活版印刷技術，為學生及自己準備教材，嚴謹地品讀聖經。當他講授羅馬書，在備課期間有一個驚人發現，這發現解決了他多年來內心的折磨。這就是對羅馬書因信稱義的新發現。

按照馬丁路德的晚年自述，他當年一直很痛恨「上帝的義」這個詞語，因為按照他一直接受的教導，「上帝的義」是指上帝的本性。既然上帝本身是義，我們這些罪人皆不義，所以上帝要懲罰我們。路德自問在上帝面前是一個罪人，而且無論他作多少補贖行為，都不能讓他滿意。因此，路德痛恨這個要懲罰罪人的義的上帝。當他教書備課到羅馬書時，他很盼望保羅能給他一些啟發，他晝夜默想第一章，然後對其中一節有一個新的體會。

「因為上帝的義正在這福音上顯明出來，這義是本於信，以至於信，如經上所記：『義人必因信得生』。」（羅一 17）在新約，「上帝的義」透過福音顯明出來，因著相信耶穌，我們就能接受這份從上帝而來的禮物。「上帝的義」不是指上帝自己的本性，而是指上帝和我們的關係；透過信，上帝把祂的義歸給我們。正如「上帝的作為」，是指上帝在我們生命中的作為；「上帝的力量」，是指上帝使我們剛強。「上帝的義」，也是要如此連接著人來理解，是上帝使我們為義；關鍵是透過信來接受這個禮物。當他頓然貫通後，馬上感到重生，天堂的門為他打開。

馬丁路德有了這個大發現後，如常繼續過他的生活，並沒有寫作出版。這段自述，是他約三十年後(一五四五年)，當他為自己拉丁文著作結集出版時撰寫序言，對這事件的回憶敘述。因為這個發現，埋下了路德對教會當時的教導生發起疑惑的種子；唯獨聖經，與聖經抵觸的教會教導要摒棄。這是路德來到威登堡後第一個始料不及的人生改變。

威登堡奧古斯丁修院原址，路德所居之處，附有大學課室。後來成為馬丁路德一家所居之地，不少學生寄宿之處。現在為博物館。

9.
馬丁路德：從服從到不服從

> 馬丁路德有何資格，
> 要求公開辯論教會問題？

路德對羅馬書有這個新發現，其中一個原因是重讀早期教父的著作，而奧古斯丁的書（特別是《論靈意與字義》）對他影響甚大。路德有感於當時大學內神學課程深受士林神學（或譯經院神學）及亞里士多德的影響，卻對古代經典（聖經、古代教父著作）注意不足，於是他就與其他同僚發起對威登堡大學課程的改革。改革第一步，就是要掃除經院神學這個大障礙。因此，路德於一五一七年九月四日發出他的《駁經院神學論綱》，共九十七條，呼籲大家齊來辯論（所以也簡稱《九十七條論綱》）。為了引起廣泛討論，路德還以活版印刷術把這論綱印刷出版。（近年路德研究最重大發現之一，就是找到當年在威登堡印刷的《九十七條論綱》原件。）

當時每一個大學教授下午都要指導學生就廣泛議題進行辯論。因此，路德經常要出題目給他們辯論，這是身為大學教授的指定動作。當時，「博士」只是教師的意思（拉丁文名詞"doctor"，來自拉丁文動詞"*docere*"教導）。路德既作為一個神學博士，也就是一個教會的老師（doctor of the church），他有責任及權力去引導教會認識真理，所以他可以把這些辯論題目出版，呼籲大家齊來辯論。他以活版印刷出版了《駁經院神學論綱》，這是路德首次探測水溫，看看是否能喚起大家關注。然而，大家反應只是一般。可想而知，八個星期之後他所發表的《九十五條論綱》，路德大概也不給予厚望。

換言之，路德來到威登堡後第二個始料不及的人生改變，就是他任教大學，經常帶領師生辯論，並把辯論內容公布及出版。一五一七年發表的《九十五條論綱》，只是路德履行大學教授職責的產物。（編按：路德第一個始料不及的人生改變可參本書第8問）

當路德每天都要分身處理教學及修會內好些行政事務（也是多得施道比次的安排），他同時還要接另一件工作，就是成為當地教區教堂（聖瑪麗亞堂）的主要神父。來威登堡前，路德身處耳弗特這個人口約二萬的大城市，這城市有主教座堂，超過三十間教堂，超過十所修道院，人才濟濟，沒有多少機會讓路德挑大梁。威登堡是一個小鎮，當時人口只有約二千。該地的奧古斯丁隱修會才剛成立不久，神學院內的老師也很少。人才本來就不多，因此路德很容易就被選上要擔任當地教區教堂的主要神父。因此，路德常在該教堂講道。正因為這個安排，路德要脫離大學象牙塔，培養出用通俗易明的方式，以販夫走卒的語言，講解神學義理。這個訓練，為他日後成為暢銷書作者奠定基礎。這是路德來到威登堡後第三個始料不及的人生改變。

宗教改革發生在一個小鎮，一所沒有名氣的大學，由一個不見經傳的博士及神父發起，它的出現不是沒有原因的。沒有龐大的教會行政架構所壓抑，沒有根深蒂固的神學包袱所捆綁，威登堡大學眾師生很快就成為改革運動的主要推動力量。

一五一七年十月三十一日前的馬丁路德，已經與七年前的他有很大改變。這些改變，不是他自己刻意追求的，甚至是他剛開始時非常抗拒的。但上帝在人身上的工作，只要人肯順服，放棄自己原來的人生軌道，上帝的作為可以是非常奇妙的。

馬丁路德之所以發出《九十五條論綱》，因為這是大學教授的職責。他之所以拿了博士學位及能夠在大學教學，因為他導師約翰施道比次逼他去做，而非他個人的選擇。換言之，馬丁路德最終的不服從，乃根源於他在一五一一年的服從！

馬丁路德後來抗拒服從教宗，因為他認為教宗相關的教導違反聖經。他對聖經如此有把握，因為他用了很多年時間教授聖經，有很深的體會。他之所以用大量時間研究聖經，因為他拿了一個神學博士學位，以及需要在大學教授聖經時備課。而路德本來力拒要當大學教授，但被逼去讀神學及教神學。同樣地，馬丁路德最終的不服從，乃根源於他一五一一年的服從！

人生的發展多姿多彩，很多事年輕時難以預料。馬丁路德只因為不得已接受一個長輩的安排，從大城市搬到小市鎮，並要接受一個新任務，他的人生從此就徹底改寫了！

威登堡鎮的中央廣場，右面雙塔的建築物就是路德經常講道的聖瑪麗亞教堂。

10.
天主教如何回望過去？

宗教改革後天主教如何看大赦？

正如不少天主教獨有的教義（基督教及東方正教會都沒有），都是中世紀鼎盛期之後的產物；所以大赦神學剛出現時，教內的神學家都有爭議。而且，在實踐上，這個大赦的權柄，實在很容易被人濫用。故此，早在一二一五年，拉特朗第四屆大公會議（Fourth Lateran Council）已經有決議，要大家警惕：「……因為有些教會的高級聖職人員，不怕濫放不明智及多餘的大赦，使教會的鑰匙受到歧視，及懺悔的補贖被掏空，所以我們決定，祝聖大殿時所放大赦之時間不應超過一年……。」

這個大公會議兩百年後，於馬丁路德的時候，大赦的濫用及濫發，比以前更嚴重，所以才引發路德的評言。可惜因為教宗利奧十世懷有私心，對評言聽而不聞。到教宗克勉七世（Clement VII）時，他於一五二五年頒發禧年大赦，為了回應廣泛批評，他便宣布，只要有人來羅馬朝聖，就可獲大赦，無需任何金錢捐贈。

由於「有料大赦」這陋習由來已久，所以在特利騰（Trent）大公會議，一五六三年十二月四日第二十五場會議中，頒發了一個簡短的「論大赦的法令」，說：「但大公會議切望在恩賜大赦上要有節制……，以免教會的紀律因太輕易而鬆弛。大公會議切望改良與更正那些滲入大赦及給異端者機會褻瀆大赦之名的濫用：〔大公會議〕藉此法令一般性地決定，應徹底取消一切為獲得此大赦……的惡劣盈利。」從這個時候開始，天主教販賣大赦活動才慢慢絕迹。

到了二十世紀，天主教召開梵蒂岡第二屆大公會議（一九六二至一九六五年），這是一個著名及大規模改革的大公會議，會議前後不少天主教神學家都對大赦教義提出改革意見。可惜會議期間沒有正式討論，延至會議後，教宗保祿六世於一九六七年一月一日，以教宗的身分發表《有關大赦的教導》宗座憲令，可惜當中內容提及改革甚少，令人失望。惟一值得注意的改革是，「有限大赦」不再以減免煉獄多少年、月、日來算。當時有些天主教神學家如拉內（Karl Rahner）提出取消罪獲赦免後仍存在法律式懲罰這種司法思維；因為仍有暫罰，所以提供教宗空間以司法權力頒布大赦，他提出取消這種司法式思維。取而代之，大赦其實是教會為懺悔信徒而設的特別祈禱；祈求他們愛德日增以臻成聖。至於諸聖寶庫（大赦的基礎），不要把它視為一個可以發放支付功德的帳戶，它其實就是耶穌的深廣救恩。這個想法就與基督教及正教會比較接近。可惜，這個改革建議沒有得到接納，以致天主教繼續與基督教及正教會在這方面出現鴻溝。天主教之後與世界信義宗聯會進行了多番對談，連因信稱義這個問題雙方都可以找到共識，發表共同宣言。可是，有關大赦、煉獄、諸聖寶庫等問題，就連展開對話都不可能。

諷刺的是，教宗保祿六世這個非常保守的《有關大赦的教導》宗座憲令是在宗教改革四百五十週年的年初發表，意味著彼此鴻溝仍深，難以解凍。現在《天主教教理》有關大赦部分（第1471至1479條），主要是以保祿六世這份非常保守的《有關大赦的教導》為依據。

在實踐上，當代天主教仍然頒發大赦。公元二千年教宗頒發禧年大赦，信徒只要到羅馬四座特別神聖的教堂（號稱「特級宗座聖殿」）朝聖及懺悔，就可以獲全大赦。現任教宗方濟各也頒發了「慈悲特殊禧年全大赦」，人無需必定往羅馬去，凡於二〇一五年十二月八日至二〇一六年十一月三十日，只要能夠棄絕罪惡、辦告解、領聖體及按照教宗意向祈禱，就可獲得全大赦。目的就是鼓勵信徒棄絕罪惡，認真過基督徒聖潔生活。

可是，若有人堅持把"indulgence"翻譯為「贖罪券」，那就是說天主教到現在還在發贖罪券，是否貽笑大方？這樣我們將無法了解天主教所作的事。

第二部

馬丁路德 ×《九十五條論綱》我不能再沉默！

11.
販賣大赦，變本加厲

重建聖伯多祿教堂，
為何不斷超支？

於中世紀晚期，教會發現發行大赦是一個最可靠的籌款活動，於是教會提供大赦就變得日益頻密。於一五一七年之前三十年，教廷已經在德意志地區推行多次大型的「有料大赦」推銷運動，以致達到飽和狀態。譬如說，一個一家六口的家庭，已經擁有十張大赦券（六口子每人一張，還有祖父母、外祖父母）；教廷卻仍要再推出新的大赦，大家就沒有意欲再買了。

教廷中不乏有生意頭腦的人，想出一個辦法，打破這個飽和狀態。在一個新的「有料大赦」推行期間，以前發行的大赦就暫時失效。譬如說，一五一七年教宗銳意推行的「聖伯多祿大赦」，為求募款成功，下令以往的大赦全部暫時失效八年！換言之，儘管上述一家人已擁有十張大赦券，但他們若不添置這個「聖伯多祿大赦」，在那八年期間，家中任何人倘若因意外或急病去世，他／她還是要先到煉獄長期受苦，可說一切皆前功盡廢了。信徒對這種近乎敲詐的行為當然很不滿，所以在《九十五條論綱》第八十九條中，馬丁路德就引用他們的投訴：「既然教宗頒發大赦券的目的是解救靈魂，而不是金錢，那麼，從前的大赦券和赦免與現在的一樣有效，而今為甚麼又將其效力暫停呢？」（譯文經修改）

教宗利奧十世強推「聖伯多祿大赦」，因為他著急要大規模重建聖伯多祿大教堂。這個教堂的重建計劃，是之前兩任教宗已啟動的。那時正值意大利文藝復興時期，作為文藝復興重鎮的佛羅倫薩（Florence），嶄新的聖母百花教堂已建好了。有別於以前的哥德式教堂的尖塔，這座新教堂是採用了一個大圓頂（dome），建好後好評如潮。位於羅馬的教宗，羨慕別地有這樣時髦的教堂，所以也作出修改重建教堂計劃，並要為新教堂加上一個穹頂，工程因而變得更浩大。當一五一三年利奧十世登基為新教宗後，他又決定將這個新教堂的長度增加近一倍，建築經費又因而大幅超支。當「五行欠水」的時候，利奧十世很自然地想到要發行新的「有料全大赦」，並暫停以前所有大赦的效力，為期八年。

一五一五年底，教宗利奧十世正式要發行「聖伯多祿大赦」，但由誰來當這個大赦專員呢？很多地區教會領袖都婉拒承擔這個任務，因為他們知道信徒都厭倦這種沒完沒了的籌款。最後終於找到一名道明會的修士特次勒（Johann Tetzel），從一五一七年一開始，他就在德意志地區巡迴宣講這個全大赦的福音。

一開始，這個籌款運動就不太順利，薩克森領主腓勒德力禁止特次勒進入薩克森推銷這大赦。一方面，腓勒德力本人在威登堡的城堡教堂收藏了大批聖徒遺物，人只需觀見這些遺物也可獲得大赦，他不想特次勒來「搶生意」。另一方面，這三十年來羅馬屢次來德意志地方推出「有料大赦」，導致大批硬幣流出德意志境外，影響經濟，因此腓勒德力不能再忍受。既然促銷地區減少，要達到原本募款的目標有一定困難，於是特次勒在推銷時，就需要加鹽加醋，刺激營業額。但這種誇張失實的宣講，刺激了一個大學教授，導致《九十五條論綱》的誕生。

12.
《九十五條論綱》真的被釘在教堂門上？

> 馬丁路德有何資格，
> 發表《九十五條論綱》批評大赦？

特次勒於一五一七年四月十日到達猶特波格（Jüterbog），這是薩克森境外距離威登堡最近的一個市鎮。有些威登堡市民聽說這個全大赦效力特別龐大，所以願意用一整天時間步行來回兩地，並帶了大赦證明書回來找馬丁路德神父告解。路德從他們口中聽到很多特次勒的大赦宣講，說得天花亂墜，譬如說，「錢幣在錢箱中叮噹一響，靈魂就立時飛出煉獄」（《九十五條論綱》第 27 條）；這個全大赦不單可免罰，還可以赦罪；更大的罪，甚至不可能發生的罪都可以赦免，包括強姦聖母（第 75 條）。再加上特次勒操弄純真信徒的感情，質問他們為何忍心不理會已離世親人在煉獄內的呼求。故此，馬丁路德神父憤怒了。

「有料大赦」並非新鮮事物，馬丁路德在一五一七年初的一篇講道內，已經表達了他對這個教會籌款方式的憂慮：大赦只可以使信徒逃離犯罪帶來的懲罰，但不能幫助信徒逃離再犯罪；有大赦旁身，信徒犯罪後無須承擔後果（補贖行動），這變相默許信徒犯罪。

特次勒對全大赦的宣講，引起不少人不滿，大家議論紛紛。馬丁路德感到忍無可忍，於是他下苦功做了不少研究。首先，大赦宣講員都有一本《宣講指引摘要》（*Summary Instruction*），路德特別把特次勒所根據的《宣講指引摘要》找來讀一遍，發現當中有很多指引都是違反教會一向以來的教導。其次，路德研究教會早期的教會法（canon law），發現教會頒發的大赦原來的用途很窄，只限於寬免信徒觸犯了教會法規而帶來的懲罰，並沒有包括天主對人犯罪的懲罰；現在教會大赦的施行，偏離了原來的軌道。最後，他從

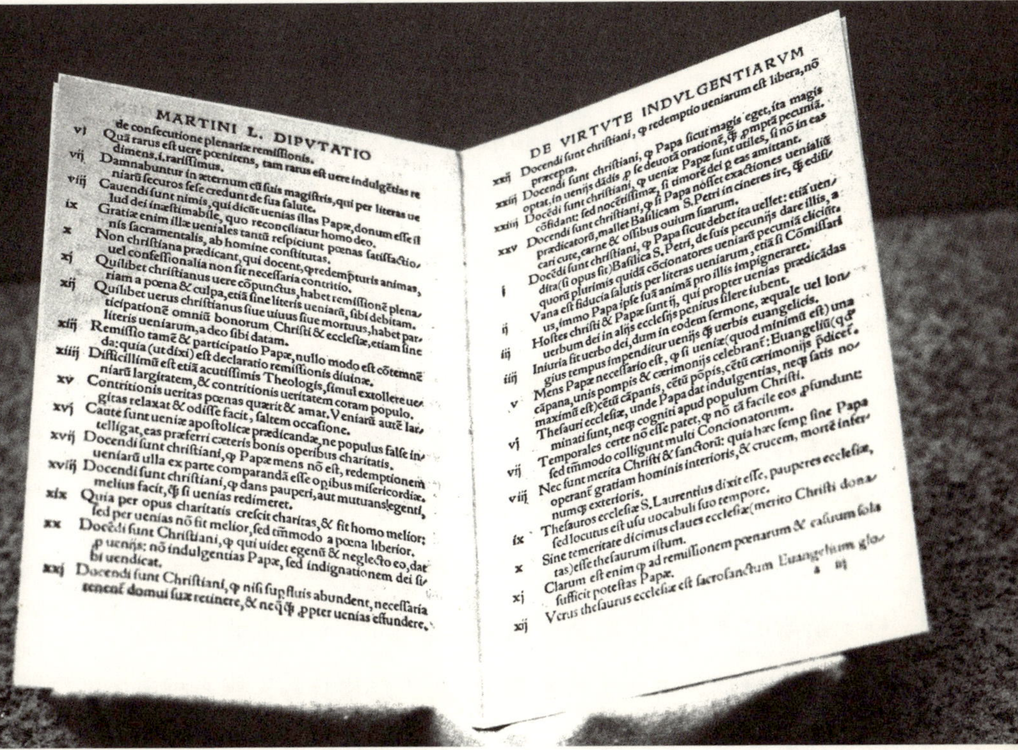

《九十五條論綱》拉丁文本印刷版，現藏於柏林德國歷史博物館。

當時被譽為全歐洲學問最好的伊拉斯姆（Erasmus）所做的希臘文聖經研究中，發現了教會對馬太福音四章 17 節的誤讀：「從那時候，耶穌就傳起道來，說：『天國近了，你們應當悔改！』」當時通用的拉丁文聖經把耶穌這句話翻譯為「天國近了，你們應當履行懺悔（聖事）」。伊拉斯姆指出這是一個誤譯。

做完這些功課後，當年夏天，路德寫了《大赦研究》（*Tractatus de indulgentiis*）這本小書。數月後，他確信自己的研究是可靠的，路德就把他對「聖伯多祿大赦」推行的反對意見，採用當時大學流行的辯論體裁，化為九十五條可以逐一辯論的命題，於是全篇文獻的題目是《澄清大赦效能的辯論》，簡稱為《九十五條論綱》。馬丁路德身為大學教授，經常都要出題目給學生辯論（當時大學所有學科，每天下午的學習活動都是辯論），大學中每年也有幾次全校師生共聚一堂的大辯論。馬丁路德於八個星期前才發表了《駁經院神學論綱》（《九十七條論綱》）。按美國學者 Hendrix的研究，一五一六至一五二一年間，路德一共準備了二十套辯論的論綱，而他的同事迦勒斯大（Karlstadt）準備了約三十套辯論論綱，其中之一發表於一五一七年四月二十六日，共有一百五十一條辯論命題。換言之，路德發表了《澄清大赦效能的辯論》，對他及「威大」師生而言，只是家常便飯。

這篇辯論提綱的序言是這樣寫的：「為愛護與闡揚真理起見，下列命題將在文學和神學碩士及常任講師路德馬丁神父主持之下，在威登堡舉行討論。凡不能到會和我們口頭辯論的，請以通訊方式參與。」

為了要讓「威大」全校師生辯論，路德把這《九十五條論綱》手抄本，釘在「威大」的公布板，也就是城堡教堂的側門（不一定是他自己去，有可能是派一個助理去張貼）。當天是一五一七年十月三十一日。

而且，正如他之前把《九十七條論綱》拿去用活版印刷術出版，引起更多人關注，根據很多研究路德的學者找到的證據，路德也把《澄清大赦效能的辯論》拿去當地印刷廠出版；除了在威登堡，至少還有三個城市出版。這個印刷出版的行動是路德自己決定的，而非如前人所想，沒有經過路德授權私自去作的。以前有些人懷疑《九十五條論綱》究竟有沒有真的釘在城堡教堂門上，但這個爭論已顯得不重要，因為印刷出版所達到的大眾傳播效果，遠超過只張貼在大學報告版上。路德拿著槌子把一張海報紙釘在大門上，看似很有戲劇性，但不見得這是最重要的部分。

在《九十五條論綱》問世前，路德已經在教堂講道中教導大家不要花錢購買大赦證明書。
（這圖像來自二〇一七年威登堡的一個三百六十度特別展覽。）

威登堡城堡教堂外貌，在中央的就是「論綱門」。

13.
《九十五條論綱》：講人話的顛覆性

> 九十五條辯論命題，
> 有何刺激建制派的地方？

從題目可見，《澄清大赦效能的辯論》並不是全盤否定大赦，而是要檢討大赦的效能是否如最近的宣講員所吹噓那麼強大，以及大赦是否有助信徒認真過基督徒生活。以下七點介紹路德在這文獻中最重要的論點。

1. 懺悔真義與大赦有矛盾——懺悔的真義並非只是一個向神父告解的禮儀。耶穌教導我們要悔改，這是一個終身不斷要做的事（第 1、4 條）。悔改包括兩個部分：內心與外顯的生活表現，因為有諸內，形諸外。「內心悔改若不會使人有外顯攻克己身的表現，便失去其意義」(第 3 條)。懺悔聖事之所以安排信徒接受暫罰，目的是透過一些鍛煉敬虔的活動，使信徒的生命漸漸更新。「即使最有學問的神學家也很難一面向人誇讚大赦如何寬大，又一面鼓吹真誠痛悔的必要。真正痛悔的基督徒甘願為自己的罪受罰，但大赦的寬宏卻免卻了這些懲罰，並使人恨惡懲罰——至少製造了這種恨惡懲罰的機會。」(第 39 至 40 條，譯文經修改。) 換言之，教會頒發大赦，免去犯罪基督徒的補贖善行，卻顛覆了悔改及懺悔聖事的原意。

2. 仁愛補贖善行不能被大赦取代——仁愛善功如賙濟窮人、借貸給有需要的人，總比獲得大赦好 (第 41 至 43、45 條)。「因為愛的行為使愛心滋長，人便因此變得更為美善；然而大赦除了可使人免除懲罰之外，根本不能使人趨於美善。」(第 44 條) 再者，教宗所頒發的全大赦，並不能赦免一切來自天主的刑罰，只能赦免教宗本人加於信徒的懲罰（第 20 條）。

3. 過度渲染煉獄的恐怖——教會的權柄只在今生。把教會的懲罰延伸到煉獄「實屬無知與邪惡之舉」（第 10 條）；因此，教會頒發的大赦，也不能延伸到已經在煉獄的靈魂。令信徒為著自身要在煉獄長期受苦而感到惶恐懼怕，這是沒有道理的（第 8 至 16、27 條）。

4. 最近的大赦宣講員對大赦的宣講犯了嚴重錯誤——「大赦的恩惠，只及於人所定的補贖禮中所加的懲罰」（第 34 條），免的是罰，不是罪（參第 44 條）；「就罪債而論，我們認為教宗的大赦連最輕微的小罪（venial sin）也不能免除。」（第 76 條）但最近的大赦宣講員卻把聖伯多祿全大赦的功效吹噓到連罪本身也可赦免，使人獲得救恩（第 32、33、52 條），連不可思議的罪（如強姦聖母）都可以赦免。再者，當人向神父告解，並使用這個全大赦時，他們連表達痛悔都不需要，這完全違反教會一向以來的教導（第 35 條）。

5. 教宗本人對這次大赦的宣講如何離經叛道，一無所知——「基督徒須知，假如教宗得知那些大赦宣講員的苛索，他寧願將聖伯多祿教堂化為灰燼，也不願用他羊羣的皮、肉和骨來建造它。」（第 50 條；另參第 51 條）然而，在大赦這制度中，教宗有些角色仍有待商榷（如教宗是否能寬免來自天主的懲罰、是否可挪用諸聖功德寶庫等；第 5、56 至 62 條）。
6. 教會內對這次大赦宣講已經怨聲載道——路德引用了由八個信徒以反問形式所提出的尖銳問題，指出這些合理的問題令教會中的有識之士也難以維護教宗的尊嚴（第 81 至 89 條）。面對這些尖銳的反對意見，路德提醒教會在處理時要曉之以理，而不是壓之以力（第 90 條）；可惜的是，教會後來處理這件事的手段，與路德的提醒南轅北轍。
7. 虛假的安全感——人要進入天國，不是依賴那張券所提供的虛假的安全感，而是需要付出一定代價，接受生命的磨練（第95條）。

路德八個星期前出版《駁經院神學論綱》，大家反應冷淡；這次《九十五條論綱》出版後各地反應出奇地熱烈。大家都厭倦了羅馬教廷的宗教敲詐，現終於有人鼓起勇氣當眾講人話、說真話、說一些建制派不中聽的話。

14.
「贖罪券」乃是錯譯？

> 若「贖罪券」是錯譯，
> 華人教會為何仍擇錯固執？

細讀《九十五條論綱》，可發現馬丁路德完全明白大赦的效能只是及於免罰（第 34、44 條），而不是免罪（第 76 條）。再者，馬丁路德接受教會有權頒發大赦（第 41、48、91 條），以捐錢的形式去換取大赦是其中一個辦法（第 47 條），但不是最好辦法；生命有真實改變、對他人愛心增加，以及賙濟貧困的人才是最重要的（第 36、39、42 至 45 條）。他狠辣批評的對象不是教宗，不是教會整體，而是一些中世紀晚期的神學家及教會法制定者，特別是那個為了增加「營業額」而對大赦效能誇大其詞的促銷員（第 21、27、50 至 51、67、75、81 條）。馬丁路德痛恨他們為求促銷而作欺騙性的廣告，他們宣稱這個大赦不止免罰，連罪咎都能赦（第 21、32 至 33、52、76 條）；馬丁路德最終關心的，是這些誤導性的言論對信徒的靈命有不良影響。

馬丁路德要求教會討論的不是那張券，而是整個大赦制度的運作。讀《九十五條論綱》中文版的不同譯本，其中有一個譯本「贖罪券」共出現了四十一次，另一個譯本共出現了五十一次，但對照美國版《路德著作集》（*Luther's Works*）卷三十一內的英文譯本，只有四次提及"indulgence letters"（第 32、36、37、52 條），其他四十一次都是討論"indulgence"。「大赦」在拉丁文是名詞，中文的「贖罪」是動詞，既然錯譯了，為了文句通順，就將錯就錯，大量硬塞一個「券」字進去。《九十五條論綱》的正式名稱是《關於大赦效能的辯論》，現在通用的譯名《關於贖罪券效能的辯論》，除了「贖罪」是錯譯外，還畫蛇添足增加了一個「券」字，於是又把辯論的焦點錯置了。馬丁路德關心的是整個大赦制度在推行時出現害羣之馬，並他們對大赦的效能作名不符實的推銷，相對那一張券卻完全不是重點。

沒錯，當時的大赦宣講員特次勒犯了嚴重錯誤，把「聖伯多祿大赦」吹噓到甚麼罪都能赦免；有些信徒亦會受誤導，以為憑該券可以贖罪，於是便很想捐錢換取這張所謂的「贖罪券」。但路德在《九十五條論綱》清楚指出，按教會一直以來的教導，大赦只能免罰，不能赦罪。因此，用「贖罪券」來翻譯路德的《九十五條論綱》，是歪曲了馬丁路德教授的寫作原意，並矮化了馬丁路德博士對天主教神學的領悟，也妨礙了華人教會正確理解這篇重大的歷史文獻。假如馬丁路德神父連「大赦要赦免的是罪還是罰」都混淆了，他有何資格批評這個大赦制度？

就歷史事實而談歷史，我們可以說，五百年前威登堡的信徒被人誤導，他們誤信羅馬最新頒發的大赦券有贖罪功能。從他們的角度而言，大赦券與贖罪券沒有分別。但從馬丁路德的角度而言，這兩個概念有莫大分別，他發表

《九十五條論綱》，正是要糾正這個混淆。換言之，就教會歷史而言，我們可以說當時的確有買賣贖罪券的活動。但當我們談及馬丁路德的《九十五條論綱》，我們就必須理解之為《關於大赦效能的辯論》。以贖罪券來翻譯《九十五條論綱》，正是把路德反對的，輸入到路德的言論中，混淆視聽；難怪華人教會一直對《九十五條論綱》內容一頭霧水。

馬丁路德敢於指責不良的教會傳統，可今天華人教會卻完全不關心自己錯誤的翻譯傳統。華人神學界，至少要帶領教會正確認識歷史，趁這五百週年，好好疏理清楚五百年前發生了甚麼事。記念五百週年的最好做法，就是把《九十五條論綱》從新翻譯一次，把所有「贖罪券」更正為「大赦」或「大赦書/券」；敢於自我更正，才顯示我們是更正教的傳人！（當這個修訂版還沒有出現前，信徒要讀《九十五條論綱》，最好便是讀標準的英文譯本，這譯本網上可找到。）

適逢宗教改革五百週年，世界信義宗聯會與天主教宗座基督徒合一促進委員會於二〇一三年發表了一個詳盡的文件，名為《從衝突到共融》。中譯本於二〇一七年七月出版，裏面提到《九十五條論綱》時，雙方各讓一步，中譯為《關於補贖券效能之辯論》。並且在中譯註內補充：路德這篇文獻，「凡論及神學本意的，indulgence 一詞皆譯為『大赦』；另一方面，為了反映當時的實況，凡論及如當時大赦施行的情況，則翻譯為『補贖券』」；這「補贖券」其實是「大赦證明書」（頁 23～24）。可能由於天主至今仍頒發大赦，所以香港天主教人士仍不願意接受《關於大赦效能的辯論》這個正確的中譯，頗為可惜。

15.
《九十五條論綱》並非革命第一炮！

《九十五條論綱》反映中世紀思想，
還是宗教改革的神學？

最近看到一個基督教機構的《馬丁路德》音樂劇傳單，說：「一五一七年，馬丁路德發表《九十五條論綱》，批判天主教教會的贖罪券政策，引發了宗教改革的開始……。」這種陳腔濫調常在華人教會出現，說馬丁路德於約五百年前，於威登堡教堂門上貼上《九十五條論綱》，「從此點燃了宗教改革的復興之火」，或者「從此展開了浩浩蕩蕩的宗教改革運動」。

這種語氣，把《九十五條論綱》的作用，視作相當於美國《獨立宣言》的作用。換言之，《九十五條論綱》是宗教改革的宣言、是革命的第一砲、是對羅馬教廷的宣戰書。

很遺憾，這種老生常談，是一種戲劇性渲染，當代很多路德研究者都不贊成，原因如下：

1. 提出問題邀請大學作出辯論，是當時所有大學教授日常的工作，馬丁路德也不是第一次作這種事；在形式上，他發表《九十五條論綱》並沒有任何宣戰成分。
2. 這篇文獻只針對大赦效能有多大這問題，單單只有一個問題而已，而且是針對一個教省內發生的事，這離主張整個教會大規模改革甚遠。
3. 在這篇論綱中，路德原則上沒有反對大赦；天主教教廷當時也沒有一個贖罪券政策讓馬丁路德批判 。
4. 這篇文字也沒有任何「煽動叛亂」言論，鼓勵人不聽從教宗及教會。
5. 在這篇文字中，路德對教宗相當尊敬，沒有直接批評教宗，還為他開解。沒錯，他曾評論教宗的教權，但並沒有把教權的歷史包袱，歸咎給當時的教宗。這結果是時代累積出來的，是很多中世紀晚期的人（神學家、教會法制定者）犯錯導致的局面。

6. 路德在這論綱中對教權有所批評，但也有很多歷史先例：尤其十五世紀，大公會議運動（Conciliarism）期間，很多教會領袖指出教宗自身有可能成為異端。若要避免這個危險，就要以大公會議取代教宗，成為教會最高權威。這個主張最終被否決，而路德時候的知識階層，都知道這事。在那個時代，路德批評教權（不是當時的教宗），不算是顛覆活動。路德一直相信，經過辯論後，教宗會同意他《九十五條論綱》的主張。
7. 路德對「有料大赦」的批評，也非史無前例。

晚近學術界對路德和《九十五條論綱》的研究，更多學者認為整篇文獻的內容，還是中世紀時期味道較濃，與他開啟的更正教內容並沒有直接關係。首先，整篇論綱沒有提及因信稱義（雖然約三年前他已有這體會）、信徒皆祭司、也沒有「三唯獨」蹤影（唯獨聖經、唯獨信心、唯獨恩典）。其次，路德的思想核心，主張所有基督徒都要終身過悔改的生活，每天都要釘死舊人，而並非只是有形式上的懺悔聖事就足夠；因此他認為大赦無補於事。這種主張，一方面是把路德習慣的修道院生活精神引申到修道院外的信徒身上；另一方面，是反映了中世紀晚期民間的敬虔運動與靈修神學。所以，嚴格來說，《九十五條論綱》不能算是我們熟悉的宗教改革運動的第一篇文獻。馬丁路德沒有以這篇論綱為指導思想，揭竿起義。

只不過，馬丁路德發表《九十五條論綱》有其「出位」之處。他不單將它張貼在教堂門上，還拿去印刷出版。因此，他把這個「威大」內部辯論事件，變成了教會內公共討論事件（雖然這個「公共」只限於懂拉丁文的人）。不到半年，路德還出版德語版（見本書第17問），作大眾傳播，讓德意志各地一般人都知道他的主張；這是一件羣眾事件、社會事件，引起民情思變 。

筆者認為天主教內有一個看法相當中肯。瓦爾特·卡斯培（Walter Kasper）是德國的樞機主教，曾在梵蒂岡出任要職（天主教宗座基督徒合一促進委員會主席）。他於二〇一六年出版了一本小書，對馬丁路德提供一個全面評價。他認為《九十五條論綱》的中心關切不是反對大公教會，而是反映當時大公教會內的重要關切。這篇文獻不是一個革命宣言，不是另起爐灶的教會大改革文獻，而是一份教會內改革派的文獻（"a document of reform but not of the Reformation"）。這篇文獻希望能喚醒教會，對教會帶來更新。在路德之前的那段漫長的天主教歷史中，也不乏一班努力更新教會的人物；當中與路德最相似的，是法蘭西斯（Francis of Assisi）。

簡言之，《九十五條論綱》這篇文獻並不能代表馬丁路德於宗教改革的精神。因此，不單華人教會的平信徒，連教會內的牧師傳道，神學院大部分師生，大都從沒有仔細讀過這篇文獻。因此，「贖罪券」是否錯譯，也無人理會。

路德真正有意識發起教會大改革，是在一五二〇年，也就是發表《九十五條論綱》三年之後。《九十五條論綱》的歷史角色是：(1)因這文獻，教廷對馬丁路德作出不必要的嚴重衝突；(2)這衝突演變為權威上的衝突：聖經？或教宗？(3)因此，這衝突使得教宗把路德驅逐出教，令路德逼上梁山。這些都是後話。馬丁路德的改革思想，乃日積月累，逐步形成的，因此，《九十五條論綱》並不是他改革思想的分水嶺。

16.
不再沉默的路德！

> 馬丁路德如何踩了地雷而不自知？

馬丁路德發表了《九十五條論綱》，是以一個大學教授的身分去寫，無須任何人授權。然而，路德同時是神父，所以他這個大動作，必須向上級報告。他寫了信向他的主教及總主教匯報。發給亞爾伯特總主教（Albrecht）的信，寫於一五一七年十月三十一日，原件現在還保存在瑞典的皇家檔案館。隨信路德還附上一份《九十五條論綱》。（這封非常重要的書信老早已譯成中文，收於《九十五條及有關改教文獻考》。）

路德非常謹慎，在城堡教堂側門貼出《九十五條論綱》的同一天，他發信給他的教會上司。路德告訴這位位於邁因茲（Mainz）的亞爾伯特總主教，他在其牧養的教省內，因為頒發聖伯多祿大赦，靈魂受到誤導，信徒對大赦有完全錯誤的理解。他們以為所獲得的大赦使他們得救恩，任何多大的罪都可得到赦免，包括如強姦聖母這麼可怕的罪也得特赦。

路德特別提到，大赦宣講員所根據的《宣講指引摘要》，是以亞爾伯特總主教的名義發出，「肯定沒有經過閣下的批准」（好一個體貼的下台階），但這份指引有很多錯謬，例如：（1）得到這個大赦，所有罪與罰都完全免除；（2）信徒不需要先表達痛悔及口述告明所犯的罪，大赦便可生效；（3）可自選告解神父，本來只可以由教宗親自赦免的罪也可由該神父赦免。

路德覺得這實在太荒唐了，對教會牧養工作損害太大，所以他在信中說：「啊，偉大的天主，卓越的神父，受託於您來牧養的靈魂正被指引去死亡。天主要向所有牧靈的人算帳，尤其是閣下，此時刻日益臨近。因此，我不能對所發生的這些事再保持沉默！」（筆者中譯）當時教會內很多人，因著不同的原因，選擇保持沉默或用各種歪理護航。馬丁路德好一句「我不能再沉默」，喚醒這個時代的人。

另外，有趣的是，路德如此寫這封信的下款：

您不配的兒子

馬丁路德

奧古斯丁修士，蒙召為神聖神學老師／博士

從教會權力從屬關係而言，馬丁路德神父向總主教報告自己已發表《九十五條論綱》，批評教省內發生的事，是先斬後奏，主教可以怪罪他。然而，路德還有另一身分，就是神學博士及大學教授；他在威登堡城堡教堂接受學位及就職，這表示教會接受了他有教導的權柄。因此，在這封信下款，他故意提醒總主教，他有教導教會的權柄及責任，暗示期盼總主教不要怪罪他先斬後奏。

亞爾伯特總主教收到這封信後非常不高興。路德事後才知道，原來自己踩進一個不可告人的腐敗祕密中。亞爾伯特違反教會法，他一個人擁有兩個教省總主教的聖職，而且是透過祕密貸款買回來的。

向誰買？從哪裏借的錢？誰包庇他嚴重違反教會法？原來全都是透過教宗利奧十世。教宗代他向銀行家富格爾家族（Fuggers）作鉅額貸款，錢歸自己。亞爾伯特如何還款？教宗想到一個好主意：發行「聖伯多祿大赦」。於是，大赦宣講員告訴信徒，捐錢重建羅馬聖伯多祿大教堂，就可以得到全大赦。當時很多信徒對教廷幾十年來頻頻推出「有料大赦」已經沒感覺，因為家中各人，包括已亡人，都已經獲得大赦了；還能到哪裏促銷呢？由於亞爾伯特總主教欠教宗利奧十世巨大人情債，所以就讓教廷特使到他的教區促銷。信徒都不知道，馬丁路德也不知道，大赦收入的一半歸教宗用作重建聖伯多祿大教堂費用，一半用來還亞爾伯特欠銀行的債。透過教宗的積極配合，兩人同流合污，亞爾伯特以為自己的債務可因著這聖伯多祿「有料大赦」而很快解決，他萬萬沒想到這個如意算盤竟然被這個搞事的馬丁路德神父破壞。自從《九十五條論綱》發表之後，購買大赦的人大幅下降，收入離目標很遠。

收到這封來自馬丁路德神父的信及《九十五條論綱》，對於這個滋事份子，亞爾伯特總主教會如何反應？讀者可想而知。馬丁路德踩了地雷而不自知！

17.
暢銷書作者的誕生

馬丁路德為何用德文出版
《論大赦與恩典的講章》?

《九十五條論綱》出版後，各地的反應出乎意料地熱烈；由於是用拉丁文書寫，所以只有大學師生、神職人員，以及知識分子才看得懂。徇眾要求，路德在另一個城市的一個朋友已經把《九十五條論綱》翻譯成德文，準備出版，路德這朋友希望各地不懂拉丁文的一般信徒也能知道路德的想法。於是他把譯稿寄給路德校對一次，豈料路德不同意這個做法。一五一八年三月五日，路德回信，告訴對方《九十五條論綱》的結構，這論綱是為大學辯論而設，當中路德在此設定了一些神學知識，一般人難以準確把握，所以這份論綱譯成德文出版，對大眾幫助不大。路德認為從事普及教育，需要其他材料。

路德本來就擅長對一般人講道，於是他改用講道的體裁，把他自己對最近買賣大赦的爭論，化為二十個重點，逐一解釋，並寫成一本小冊子，於一五一八年三月下旬出版，使一般信徒能掌握路德本人的思考與觀點。《論大赦與恩典的講章》與《九十五條論綱》不同，在這講道文章中，路德大量引用聖經，並與中世紀晚期的教會和神學家的「意見」(暗示不一定是真理)作對比。路德故意完全不提教宗，只把矛頭針對中世紀晚期的神學家及教會法的發展。

路德首先檢討整個大赦的來源。懺悔聖事要求信徒所作的補贖善工，本來是天主對罪人在塵世間的暫罰。這個暫罰目的是要使罪人更新自己的生命，發自內心且努力過敬虔的人生。教會就自己的法規，對犯規信徒可以有自己的懲罰及減免，但天主對犯了罪的人類所施行的愛的懲罰，教會沒有權減免(《論大赦與恩典的講章》第 7 點，下同)。

教會頒授的大赦，可有可無。重要的是基督徒的生命要長進（第 17 點）。路德並不反對大赦本身，但他不贊成信徒去買。他多次強調，購買大赦這舉動會使基督徒疏懶，不再用心對付自己生命中的罪性（第 14、16、17 點）。基督徒透過愛心善工改善自己的生命，比購買大赦好一千倍（第 9 點）。

關於聖伯多祿教堂的重建，路德認為信徒為擴堂奉獻，應是出自對天主的愛，而不是為了自己的緣故；若是為了減少自己煉獄之苦，這就是出於自我中心的動機（第 15 點）。要作愛的善功，把錢捐給貧窮人，更勝於把錢捐給教堂重建。若所居之地已沒有貧窮人，就捐獻給當地的教堂。若當地教堂已沒有需要，才捐獻給聖伯多祿教堂。但無論如何，捐獻的動機不可以是為了自己得到大赦（第 16 點）。

路德更大膽指出，中世紀晚期的教會法（canon law）規定，一個大罪需要七年時間來補贖，這個規定不合理，應該作出修改（第 11 點）。信徒想買大赦，因為他們以為暫罰會累積到死後於煉獄受苦，這「完全是虛構的」，因為上帝是信實的，祂給我們的試煉，不會「過於我們所能受的」（林前十 13）（第 10 點）。大赦能否把在煉獄中的靈魂救出來，「我不知道，但我自己是不相信的；儘管有些新教師肯定此事。」（第 18 點）

由於路德已多年來經常在聖瑪麗亞教堂講道，所以他拿捏得很好，他能操淺顯德語，且深入淺出、有說服力地把神學解釋得很清楚。一篇如此簡單的講道，在威登堡及各地出版，大受信徒歡迎，一時洛陽紙貴，於是不斷加印。結果於一五一八至一五二〇這三年之間，一共印刷了至少二十五次，出乎所有人意料之外。因此，路德成為歐洲自活版印刷發明以來第一位暢銷書作者，令他在短時間內人氣急升，他由一名寂寂無名的神父，變成為德意志地區的名人。

透過出版，路德挑起民情，而澎拜的民情反過來也影響路德；往後的改教運動，也是如此進行。

補充資料：

《論大赦與恩典的講章》原本的書名是 *Ein Sermon von Ablass und Gnade*。"*Ablass*"除了是拉丁文「大赦」(*indulgentia*)的德文翻譯外，這個字本來的意義是減少、縮減。傳統上，這本書的中譯是《論贖罪券與恩典的講章》，這處譯為「贖罪券」非常不妥，因為贖罪的問題只能分「能贖罪」與「不能贖罪」兩種，試問贖罪如何減少或縮減？但懲罰則可以減少或縮減。因應這個德文，譯作《論減罰大赦與恩典的講章》就非常準確。

18.
教會沉默，是常態嗎？

> 五百年前馬丁路德對大赦的論述，
> 是否還有其他當代意義？

「耶穌對跟從祂的門徒說：『你們要進窄門。因為引到滅亡，那門是寬的，路是大的，進去的人也多；引到永生，那門是窄的，路是小的，找著的人也少。』」（太七13～14）

教會透過販賣大赦，向信徒提供一條上天堂的捷徑，這令馬丁路德感到憤慨，並促使他發表《九十五條論綱》。總主教派來宣講的人說，有了「聖伯多祿全大赦」，信徒無需為罪痛悔，罪也可獲赦免。這捷徑不是帶人進入滅亡嗎？

《九十五條論綱》最核心的思想，就在第一至四條命題：基督徒要畢生過為罪懺悔的生活，這個懺悔是有諸內，形諸外。因此，信徒要不斷操練我們的屬靈生命，要釘死我們的罪性，直到離世才停止。這篇五百年前的文獻，對今天教會仍有豐富意義。

1. 今天的教牧、信徒，能像馬丁路德般認真對待我們的信仰生活嗎？「作基督徒，要有喜樂平安」，所以不喜歡聽那些要求人懺悔其罪的講道。作傳道人，也甚少講這樣的道，既因為會眾不喜歡聽，也因為自己沒有以身作則。所以，教會的普遍現象是，在佈道會時，教會才呼籲非基督徒認罪悔改；在平時的崇拜講道，她們絕口不大聲疾呼要求大家認罪悔改（連提也只是輕輕作出溫馨提示），因為大家都習慣了留在信仰生活的安舒區。
2. 今天很多基督徒所最關心的，與馬丁路德時候的信徒一樣，是死後是否能上天堂。今天教會也提供了上天堂的捷徑：只要心裏相信，口裏承認，就必得救上天堂。我們只關心舉手的人是否內心悔改，而不理會其悔改是否有諸內而形諸外。「只要心裏相信，口裏承認」，再加上「一次得救，永遠得救」，這兩個口號就是華人教會提供的進天堂捷徑。

馬丁路德所講的「因信稱義」，不是頭腦上認同一些命題（如我們誦讀《使徒信經》的那種理智上的認信），而是我們靈魂完全信靠、投靠耶穌。我們若如此全然信靠耶穌，我們的生命必然與耶穌的生命連結起來，我們的生命因此必然有改變（見本書第 19 問）。若信耶穌後生命完全沒有改變，與以前一模一樣，真能如此輕鬆上天堂嗎？

二十世紀德國神學家潘霍華，面對當時教會對社會問題的怠惰，以及有種自以為能上天堂的自滿，於是便發出了他對「廉價的恩典」的感慨。他說：「廉價的恩典乃是我們教會的死敵。……這是沒有代價的恩典，……人們以為只要在頭腦上同意那種概念，就可以獲得赦罪。……無需為罪憂傷，也不必希望真正脫離罪惡。⋯⋯讓基督徒不必跟從基督而享受其恩典的慰藉罷！那就是我們所說的廉價的恩典了」。

劉曉波晚年努力跟隨基督，附上沉重代價，他於二〇一七年七月十三日去世，但教會不少人卻譏笑他：「他能上天堂嗎？」這是手握天堂捷徑券的人，對他人的高傲譏笑。

3. 今天的教會，是否會把注意力放在一些大型事工（如：擴堂），以致我們忽視了對信徒的生命牧養？當時的教宗利奧十世就是只顧擴堂，不理會信徒對教會生活的不滿，這導致教會分裂！
4. 路德寫給亞爾伯特總主教的信裏說：「我不能再保持沉默！」馬丁路德當時對促銷全大赦所提出的異議是不需要高深學問的，為何卻只有他一人夠膽提出？既然「一石激起千層浪」（香港李廣生博士為改革運動教會歷史簡介的書名），這塊石頭不一定要由馬丁路德丟出來，為何當時其他神父、主教、神學教授，完全不提出來呢？路德雖然不是第一個批評「有料大赦」的人，但當時大部分教會領袖與大學教授，為何卻可以一直保持沉默？繼續裝睡？《九十五條論綱》第八十一至九十一條，引用了當時 一般信徒對這個大赦所提出的尖銳質疑；可見當時不滿的信徒不少，但卻沒有教會領袖為民請命，敢公開發出異議。他們是否怕被指為滋事份子？怕得罪權貴？怕烏紗帽不保？

當時要保持沉默的理由，與我們今天教會的情形大概千篇一律。「不想破壞社會和諧穩定」，「教會要避免討論爭議性議題以免損及教會合一」，「經過教會高層批准（是教宗頒發的大赦，由總主教執行），不好意思表示異議」，「愛國愛教，服從領導」。

5. 路德《論大赦與恩典的講章》分辨兩種基督徒：疏懶、

勤奮。疏懶的基督徒熱中購買大赦，因為他們願意走捷徑、走後門、偷工減料；只求回報（上天堂），不求耕耘。他們以為天堂已留了一個位給自己，對自己的罪失去敏感，習非成是，心靈剛硬，拒絕心意更新。勤奮的基督徒戰戰兢兢，致力每天在生命中彰顯基督，願意走出人生安舒區，且認真捨己跟隨基督，甘願接受磨練考驗，虛心聆聽，去除各種傲慢自大。

現今基督教徒若不好好反思上述這些問題，他們的骨子裏便是幾百年前的天主教徒，瞧不起《九十五條論綱》，置若罔聞。

19.
馬丁路德原來不是姓 Luther？

> 馬丁路德為何改了自己的姓氏，
> 從 Luder 改為 Luther？

二〇一七年五月筆者到訪馬丁路德出生地埃斯勒本（Eisleben），曾參觀路德出生博物館，裏面有一個路德核心家庭的家譜。我發現到他的爸爸、三個妹妹、及其弟弟，姓氏都是 Luder，惟有路德的姓氏卻是 Luther；我求問講解員，但我卻不滿意她的答案。

在同一個博物館有另一個展廳，有馬丁路德的三個不同簽名，分別是拉丁文 *Martinus Luder*，希臘文的 *Martinos Eleutherios*，及拉丁文 *Martinus Luther*，這是三個不同的姓氏！當時來不及深究，拍了照片後便移步看別的展覽。

回來看書，看到德國學者 Heinz Schilling 的馬丁路德新傳記內的解釋，才知道是怎麼一回事。路德原來的姓氏一直都是 Luder，但打從一五一七年開始，他把自己的姓改為 Luther。同一個時候，一五一七年十一月到一五一九年九月，路德在寫給幾個摯友的信函中，簽名改為用希臘文的 *Martinos Eleutherios*（文藝復興時期取的一個希臘文名字，相當於今天我們取一個英文名字那樣）；*Eleutherios* 的意思是「自由者」。大概路德有清楚的感悟，認為自己經得解放，於是他也要去解放其他人。因此，他把自己的姓作簡單修改，以“th”，取代了“d”，Luder 變為 Luther，使自己的姓氏與希臘文 *Eleutherios*（自由者）接近多一點。

為甚麼路德重視自由？因為他認為，因信稱義使人得自由；這個解釋，他在一五二〇年十一月出版的《基督徒的自由》內解釋得很清楚。在這本小冊子的開頭，路德說出了一句名言：

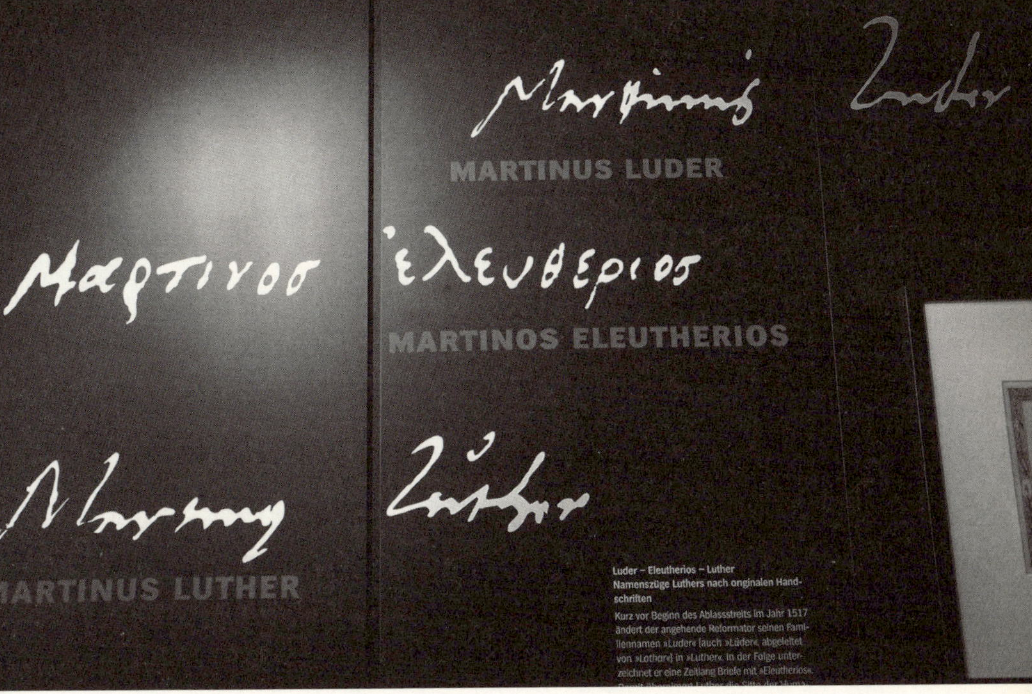

馬丁路德的三個不同簽名，由上至下，顯示他改姓的過程。中間的 *Eleutherios*，字義是自由人。

「基督徒是全然自由的眾人之主，不受任何人管轄。
基督徒是全然順服的眾人之僕，受任何人管轄。」

上述命題一的理據，是因為信心；命題二的理據，是因著愛心。

路德解釋說，對耶穌的信，有三種能力。第一，當我們以堅定的信心來信靠耶穌，上帝的道就在我們裏面。「道是怎樣，就使心靈怎樣，如同火若與鐵連合，鐵便熊熊如火一樣。這樣，基督徒在信裏就有了一切，再不需甚麼行為使他稱義」。因此，基督徒擺脱了律法，這就是基督徒的自由。第二，當我們堅定不疑信靠基督，甘心聽從上帝的旨意，所有誡命都會完全遵守。這種順從並非來自善功，惟獨藉信心而來；我們因此擺脱律法的轄制，是自由的。第三，藉著信，我們靈魂與基督聯合，成為一體。基督既然與我們成為一體，基督將自己所有的，都歸給了我們；基督也將我們所有的，歸給了祂自己。因此，「罪惡、死亡、地獄就歸了基督」，我們不再受其轄制，這是基督徒的自由。同時，「恩典、生命、救贖卻歸了人」，我們之所以被稱義，是因為信基督。因著信，我們得到上述命題一的結論。

但是，基督徒的自由並非放縱。我們既然與基督合一，我們的生活就要流露基督的生命，我們「各人對別人要彷佛以自己當作基督待人，叫我們可以互相作基督」。正如基督來到世上，愛世人，成為世人的僕人，我們也要彼此相愛，互相服事，如同基督一樣服事他人。我們既然成為眾人的僕人，就甘心放下我們的自由。因著愛，我們得到上述命題二的結論。

路德說：「因此，我們要下結論說，基督徒不是為自己活著，乃是為基督和他的鄰舍活。不然，他就不是基督徒。他藉著信在基督裏面留著，藉著愛在他鄰舍裏面活著。」路德並且引用加拉太書五章 6 節：「原來在基督耶穌裏，受割禮不受割禮全無功效，惟獨使人生發仁愛的信心才有功效。」路德強調的信，不是孤立分割的信心，而是信愛合一。

若我們說：「只要心裏相信，口裏承認，就算沒有愛，那人一定上天堂。」路德便會說：「他就不是基督徒！」

從 Luder 到 Luther，表達了路德對自己人生有新感悟（我得了自由），以及感到有新使命（使別人得自由）。在這幾年裏，馬丁路德的思想起了變化；一五一七年只是一個開始，一個新的馬丁路德正逐漸形成。

20.
路德是天主教的千古罪人？

當代天主教對路德的《九十五條論綱》
有甚麼新的評價？

筆者參考幾本當代出版的天主教百科全書，在〈宗教改革〉條目，它們均承認路德時代教會的腐敗。有一個中文天主教網頁，是梵蒂岡廣播電台，但卻是一個內容豐富的中文網頁。裏面有一本書，名為《天主教歷史淺談》，下冊第一章的題目是「文藝復興與宗教改革」，這篇文章有一大段論述真的可圈可點：

> 可是一般教友對那時代的教會體制和當局已不再具有甚麼信心。許多神職人員的學術品德修養無法滿足要求嚴格的教友的需要，如果再加上品行不端

正，立惡的表樣，則善良教友的失望不言而喻。至於領導地方教會的主教們中，也不乏聚斂財富地位，不務正業的人。對這樣的地方教會牧人，神職和教友能怎樣呢？向教宗告狀嗎？這大概行不通，因為那個時代的教宗都在為自己大興土木，建造亭台樓閣和豪華的殿宇，也常常開宴席，飲酒縱樂。這一切都需要很多的錢。錢怎麼來呢？最方便的途徑就是允許主教們一人身兼幾個教區的主教，可以在各地聚斂財富，惟一的條件就是支援教宗的揮霍需要。這還不夠，教宗們還自己販賣大赦，為自己開闢財源……

這是個綱紀不張，社會倫常破壞，世道人心低沉的時代，有志之士，不論是教友或王公貴族，曾多次呼籲教友召開大公會議，進行宗教與社會改革。於是朱利奧二世教宗（Giulio II）於公元一五一二年召

> 開拉特朗第五屆大公會議，譴責教會和社會當權人士濫用權勢，同時也擬定了一個改革方案，但這個方案最後也石沉大海。這次大公會議前後拖延了將近五年之久，於一五一七年三月十六日謝幕。雷聲大，雨點小，這次大公會議看來沒能發生甚麼作用，教會已病入膏肓，似乎到了無可救藥的地步。同一年的十月三十一日，德國奧斯定會士馬丁路德終於在威登堡（Wittenberg）寫了他那著名的九十五條控訴狀，批判教會當局有關大赦、許願、朝聖和守齋的種種立論和作法。於是點燃了十六世紀宗教改革的導火線。

這本書坦誠承認當時教會的黑暗面，實在難得。同樣地，這本書的作者對馬丁路德的評價也有平反。以前天主教總是認為路德是分裂教會的千古罪人，稱基督教為「誓反教」，但這本書說：

> 最近幾十年來，誓反教徒和天主教徒已經多方努力，設法消除前嫌，拉近彼此的距離。今天，大家都認為馬丁路德是個有信德的人，他的行動出於宗教熱忱。而每位天主教徒也不否認十五世紀下半葉和十六世紀上半葉的羅馬天主教會實在昏沉，不明智。不過，誓反教徒也同樣承認馬丁路德在人格上有他的缺陷，例如他個性火爆，強硬，不讓步，嗜好啤酒等等的。

適逢這個五百週年，世界信義宗聯會與天主教宗座基督徒合一促進委員會於二○一三年發表了一份詳盡的文件，名為《從衝突到共融》，中譯本二○一七年七月出版。書中表示當代天主教對馬丁路德有非常深入的研究，對他的評價已經得到平反。「根據這個論點，改革運動所針對的是中世紀後期教會中生活和教導的負面元素；天主教教義的危機令路德的宗教抗議對一些人來說是頗具說服力的」

（第 21 段）。最終，當代天主教承認路德是「福音見證人」（第 29 段）。這是天主教官方最高層對路德的肯定。

當然，天主教內有開明及守舊這兩類人。瓦爾特·卡斯培樞機主教屬前者，他是天主教宗座基督徒合一促進委員會的前任主席，所以對路德研究頗深。在他二〇一六年的小書，他對路德發表《九十五條論綱》有更詳盡的評價。他承認，路德之前，教會的確腐敗，而且呼籲改革的聲音老早存在。譬如，一四七八年，西班牙賽維亞（Seville）當地大公會議已經禁止販賣大赦。所以，當路德發表《九十五條論綱》時，這篇文字觸及人們心靈深處的問題。同時，特次勒對聖伯多祿大赦的宣講，涉及救恩的肯定性，這番宣講的確帶有欺騙的成分，讓人以為只要有這大赦券就包保有救恩。路德對羅馬書的新體會，是透過研讀奧古斯丁著作，因而摒棄了中世紀晚期受奥坎（William of Ockham）影響的恩典觀。因此，「路德克服了一個並非真正天主教的天主教；他重新發現了一個原初的天主教」。《九十五條論綱》完完全全反映天主教的關切，亦反映天主教內改革派的努力。《九十五條論綱》反映「路德是一個有改革意識的人，而不是後來意義的改教家」（Luther was a reform-minded person, not a Reformer）。他提供了一個「呼喚人覺醒的召喚」，這不是前無古人的行為；相反，他是天主教內一個悠久教會更新運動的其中一人。

第三部

馬丁路德 × 宗教改革
無心插柳柳成蔭？

21.
要求辯論？
——路德的遭遇：鎮壓！滅聲！

> 天主教高層如何回應《九十五條論綱》？

由於亞爾伯特總主教內心有鬼，當他收到路德寫給他的信和《九十五條論綱》，他便派人火速送去羅馬。作為總主教，他關心的不是教省內教友的信仰生活，而是他自己的財路受影響。教宗利奧十世讀後當然非常不高興，下令要整治這個破壞自己好事的神父：

1. 利奧十世首先要求奧古斯丁修會總會，命令這個多嘴的修士閉嘴。正好一五一八年四月於海德堡（Heidelberg）全德意志地區的奧古斯丁修會舉行每三年一次的大會，於是請馬丁路德來辯論。馬丁路德不談大赦，改為談他對奧古斯丁神學的理解，成功為自己的神學辯護。這個辯論，讓路德贏取了好些支持者。

2. 既然奧古斯丁修會總會沒有整治這個多嘴的修士，教宗馬上使出辣招。一五一八年六月，教宗要求馬丁路德於收信六十天內，必須親自赴羅馬出席聆訊，回應那些對他是異端的指控。馬丁路德八月收到這個命令，非常震驚，感到非常委屈。異端這個如此嚴重的罪名，為何會冠在他頭上？

3. 幸好薩克森的領主選侯腓勒德力（Elector Prince Frederick）為路德出頭，正值羅馬帝國十月將在奧斯堡（Augsburg）這個德意志城市開重大會議，迦耶坦（Cajetan）樞機主教也會在場，腓勒德力反建議讓迦耶坦主教代表教廷詢問路德就好了。由於當時教宗在其他事情上有求於腓勒德力，於是他勉強接受了這建議，於九月暫緩這個赴羅馬的命令，並改為要求路德十月親赴奧斯堡，對迦耶坦樞機主教撤回自己的異端言論。

雖然路德暫時不用赴羅馬，但要離開威登堡，到另一城市接受異端審訊，仍是一個驚心動魄的旅程。約一百年前胡斯（Jan Hus）也被指為異端，當時他離開捷克，參加德意志地區南部康士坦斯（Constance）大公會議，雖然他得到來回旅程的人身安全保證，卻在會議中被裁定為異端，罪名成立，當場燒死。

路德的忐忑不安並不是過分憂慮，因羅馬教廷曾指示迦耶坦，路德若不肯撤回言論，就當場把他逮捕，押回羅馬。但選侯腓勒德力預先告訴迦耶坦不要操之過急，要愛護路德如自己孩子。因為這次會面實在令人擔心，路德的恩師施道比次於是特別趕來陪伴路德，為他提供意見，協助調停。

會面時，迦耶坦要求路德承認自己在大赦言論上有錯，並且撤回自己相關言論。然而，路德忍不住為自己辯護，拒絕沒有經過任何討論就徹底認錯。會面不歡而散後，樞機主教要求選侯腓勒德力把路德送到羅馬，或者把路德驅逐離開薩克森（腓勒德力管轄區外），但遭腓勒德力婉拒。

這次會面不歡而散後，施道比次知道後果嚴重，所以當機立斷，解除了路德的修士誓約，使他恢復自由身，不再是奧古斯丁修會的修士。於是日後教廷無論如何向奧古斯丁修會施壓，路德無須服從奧古斯丁修會的領袖。

4. 一五一九年七月路德終於在萊比錫大學與神學家埃克（John Eck）辯論。自從路德的《九十五條論綱》問世，埃克不斷發表文章批判路德的書籍。在辯論期間，埃克更改辯論主題，逼使路德承認教宗意見並非無誤，連大公會議的決定也可能犯錯。埃克把握這機會指責路德與異端胡斯是同路人；換言之，路德也是異端，該把他燒死。
5. 一五一九年底，羅馬再次要求選侯腓勒德力把路德送到羅馬。

馬丁路德從沒有想過，一個家常便飯的呼求（要求大學辯論某一個議題），會招來殺身之禍。羅馬教廷的咄咄逼人，令馬丁路德非常沮喪。馬丁路德日後憶述自一五一七年後所發生的事，他形容自己猶如一匹被戴上眼罩的馬，根本不知道自己衝進哪處，以及其所帶來的後果。

當時其他大學教授沒有經歷過路德的遭遇，他們有充分言論自由，因為他們辯論的皆是「離地」的哲學，或是艱辛的神學學術問題。馬丁路德神父卻為自己的教友不平則鳴，他的回應非常「落地」，他要求辯論教會內最近的行政失當以及連帶的神學問題。沒想到教會領袖不是以理服人，而是以力壓人，可見他們心虛，於是路德更確定自己的看法是對的，從而有更大勇氣去堅持。

22.
呼籲改革＝異端＝煽動顛覆？

教宗為何把馬丁路德判為異端？

在德國中部的城市沃木斯（Worms）裏，有一座著名的馬丁路德改革紀念碑。該紀念碑是一個大型的雕塑羣，共有十二位人物。路德高高豎立在正中央，而圍繞著路德像下面的四位坐著的人物，他們都是路德改革的先驅。坐在前面兩位分別是約翰胡斯（Jan Hus）與薩沃那柔拉（Savonarola）。

胡斯是捷克（當時稱為波希米亞，Bohemia）的神父，比馬丁路德大概早一個世紀。他積極呼籲教會改革，指責教會腐敗，高舉聖經權威，否認教宗無誤，批評當時大赦。這些針對時弊的真話刺痛虛偽的當權者，於是他首先遭開除教籍，然後，當時神聖羅馬皇帝遊説胡斯到康士坦斯大公會議解釋他的立場，並保證他來回程人身安全。胡斯沒料到自己在那裏會馬上被判為異端，就地正法被燒死。該年為一四一五年，相距馬丁路德發表《九十五條論綱》約一百年。

薩沃那柔拉是位義大利佛羅倫薩的神父，道明會修士，對教會的腐敗頗多指責（如買賣聖職、領袖生活奢華、神父公然承認自己有兒女），在文章中甚至指責教會如一妓女，誰有錢進來幹甚麼都可以。結果他也是被判為異端，於一四九八年被燒死，相距馬丁路德發表《九十五條論綱》約二十年。（當年他被燒死的地方，正是佛羅倫薩領主廣場，至今該處仍留下地印，刻上文字，鄰近大衛像所立之地，這正要提醒人當年所發生的慘劇。）

劉曉波只因為發表《零八憲章》，呼籲國家作出政治改革，就被定性為煽動顛覆國家政權，長期監禁，最終死在獄中。中世紀的教宗對待那些呼籲改革的人，也是採用同樣策略：先把他們定性為異端，他們煽動顛覆教會，然後

圍著馬丁路德像的是其中兩位改教先鋒，右前方的是胡斯，左前方是薩沃那柔拉，二人都被判為異端，活活燒死。

將之以極刑處死。教廷習慣採用這種策略鎮壓改革者的呼聲；因此，教廷也準備用同樣方式對付馬丁路德。

一五二〇年六月十五日，教宗利奧十世簽發一道名為《主啊，你起來吧》教諭，要求路德在六十日內撤回他的主張，否定自己的異端邪説，否則他會被驅逐出教。同時，下令所有教徒必須燒掉路德的著作。約兩個月後，這個詔諭的風聲已傳到威登堡，忠心耿耿的馬丁路德一直對教宗仍抱有希望，所以對此風聲半信半疑。之後，馬丁路德是在同年的十月十一日收到這個詔諭，最終在一五二一年一月三日被正式「踢出教」。

路德在《九十五條論綱》第九十條中懇求教會對待那些質疑聖伯多祿大赦的人，要曉之以理，而不是壓之以力。豈料教廷就是用橫蠻的強權政策來鎮壓路德。

這三十年多來，教廷不斷推出「有料大赦」，而教宗又缺乏誠信，出爾反爾；他為推銷聖伯多祿大赦，暫停之前大赦的有效期達八年之久，德意志人民對教廷已累積了不少怨氣。自從《九十五條論綱》及馬丁路德其他小冊子出版後，民心思變。教廷面對如此大危機，仍不肯與馬丁路德好好對話。

這些教會領袖，只是活在其小圈子內，與民心脫節，冥頑不靈，實行「有權用到盡」。他們把馬丁路德「踢出教」後，下一步就是要處死馬丁路德。但死刑必須由世俗權力執行，因此，這次輪到神聖羅馬皇帝出手了。

23.
政、教聯手夾擊路德

> 馬丁路德為何要接受神聖羅馬皇帝的聆訊？

查理五世於一五一九年六月二十八日的選舉勝出，成為新任神聖羅馬皇帝。他登位時才十九歲，人生路不熟（他來自西班牙），於是他安排了在一五二一年初，於德意志中部沃木斯召開第一次帝國議會（Diet of Worms）。馬丁路德在一五二一年一月三日正式被教宗開除教籍，羅馬再次施壓，命選侯腓勒德力把路德送到羅馬。腓勒德力反建議教宗，先讓路德在神聖羅馬帝國境內接受聆訊，因那時正值皇帝與各地諸侯及領主都在沃木斯開大會。

教宗無奈答應這要求，於是路德在是年四月初從威登堡啟程，需時兩個星期才能到達沃木斯。路程比預期遲，乃因為路德沿途所經之地，都受到民眾熱烈歡迎，他們都讀過路德出版的小冊子，成為路德的粉絲；在每一個市鎮，徇眾要求他停留講道。路德這時才意識到，他原來已經成為德意志境內一個大型羣眾運動的領袖！

路德於四月十六日到達沃木斯後，馬上被安排在翌日接受皇帝主持的聆訊。當日會場大廳坐滿人，帝國內所有權貴都在場（選侯、總主教、主教、各地領主、自治城市市長），還有士兵在四周，這個場面令這個來自小地方的馬丁路德有點震驚。來自教廷質問他的人仍是咄咄逼人問他：「你是否願意撤回你的異端言論？」當時路德並沒有討論空間，沒有陳述機會，且必須直接回答這個問題。路德當時也愣住了，顯得有點遲疑。他最後要求一點思考時間；皇帝准許，命令他明天要明確答覆。

當夜路德輾轉難眠，壓力極重，情緒低落，不斷掙扎及禱告。他已經被教宗驅逐出教，現在又要面對皇帝的聆訊。誰有那麼大的膽子，叛逆全歐洲權力最大的兩個人？留得青山在，哪怕無柴燒？但那些不滿教廷的人民又把他視為惟一的希望！

第二天恢復聆訊，他仍是面對同樣的質問，這次路德非常平靜地作出他最後的陳述：「我的良心受制於上帝的道，我被我所引用的聖經所捆綁，除非用聖經的見證和清晰的理性證明我有罪（我不信任教宗及大公會議，他們常犯錯誤及自相矛盾是人所共知的），否則我不能也不會撤回任何言論，因為違背良心既非安全，也非正確。這是我的立場，我別無選擇；願上帝幫助我！阿們。」

皇帝於是下令，判路德是不法之徒，人皆可誅。但皇帝曾答應路德來回兩程都確保有人身安全，於是他容許路德離開。

回程途中，為了避免敵人狡猾違諾，選侯腓勒德力派人把路德綁架，把他帶到埃森納（Eisenach）附近的瓦特堡（Wartburg）城堡躲藏起來。路德終於可以暫時離開沸騰的現場，休息一下，並且把握時間把新約聖經從希臘文翻譯成當時淺顯的德文。

一個本來發誓終身服從上級的修院修士，結果在關鍵時候卻選擇了不服從，路德這種不服從並影響全歐洲，一場不服從的運動開啟了。

瓦特堡城堡，路德藏身之處，專心翻譯新約聖經的地方。

德國的路德雕像很多都拿著一本很厚的書，就是他翻譯成德語的新約聖經。路德時候的書寫德文還未統一，日後大家都以這本新約德文聖經為書面德文的標準。這雕像位於威登堡鎮中央廣場。

24.
異見生還者（上）——選侯智者腓勒德力的多方保護

馬丁路德被判為異端後，
為何沒有迅速被燒死？

既然路德被羅馬教堂定性為異端，並且已經驅逐出教，為何路德沒有像上述兩位改教先驅（胡斯、薩沃那柔拉）一樣被燒死？

路德之所以能生存下去，政治因素是主因。首先是他的領主，被稱為智者的選侯腓勒德力對他的多方保護。當路德於一五一七年開始表達對大赦不利的言論時，腓勒德力不太高興。他私人珍藏了非常多聖人遺物，放在城堡教堂，信徒覲見也可得有限大赦；路德批評大赦的效能，影響了他心血珍藏的作用。但路德的《九十五條論綱》針對的是在另一領主管轄區內發生的事，同時也能夠阻止薩克森銀幣外流，這未嘗不是好事。後來，各地知識階層對《九十五條論綱》反應非常好，大家都詫異，在那所不見經傳的威登堡大學會有這位一鳴驚人的教授，腓勒德力因而改變了態度。他一心希望在威登堡建立一所一流學府，十多年來，威大（編按：威登堡大學的簡稱，下同）一直默默無聞；《九十五條論綱》問世後，威大名聲大振，每年申請入讀威大的學生人數不斷增加。（用今天的話說，威大在德意志大學排名榜上位置飆升。）難得自己的寵校有出人頭地的一日，腓勒德力因此很高興，這是他想保護馬丁路德的第一個動機。而且，羅馬對路德《九十五條論綱》反應強烈，腓勒德力特別寫信請教當時歐洲最有名望的學者伊拉斯姆（Erasmus）的意見。伊拉斯姆覺得路德出版的《九十五條論綱》是件好事，因此力勸腓勒德力要保護路德。

其次，從政治的角度來看，腓勒德力希望自己作為薩克森領主的權力有更大空間發揮，所以爭取「德意志事情，德意志解決」，反對跨境執法，這個增強高度自治的想法也受不少其他德意志領主贊成。腓勒德力貴為七個選侯之一，是重量級政治人物，他自然會有不少談判的籌碼。因此，每當教宗及神聖羅馬皇帝想做對路德不利的事，腓勒德力都見招拆招，保護路德。

1. 於一五一八年六月，當教宗命令路德於收信六十天內遠赴羅馬出席聆訊，腓勒德力便與教宗協商，反建議教宗：正值奧斯堡（屬德意志地區）召開帝國會議，就讓路德到奧斯堡接受迦耶坦詢問就好了。
2. 到了奧斯堡，當腓勒德力知道教宗指示迦耶坦帶路德往羅馬，他又力勸迦耶坦不要這樣做，表示他要路德留在薩克森，接受德意志地區的聆訊。
3. 當羅馬教廷不斷提醒腓勒德力交出路德，他就像若無其事般，採取拖延政策。
4. 一五一八年底，路德深感自己的事令腓勒德力很為難；為了不想拖累他，路德自願離開薩克森，聽天由命。但腓勒德力思量一番，最後還是指示路德留下來，讓他先留在德意志地區接受聆訊。

5. 直至最後不能再拖延時間了，他便提出先讓路德留在德意志地區，接受神聖羅馬皇帝的聆訊。
6. 當沃木斯審訊結束，他又先下手為強，在對方出手捉拿路德歸案之前，安排路德在路途中被神祕人帶走。很多人以為路德被皇帝的「強力部門」帶走，或是「以自己的方式」到達羅馬協助調查，謠言滿天飛，路德的追隨者都非常擔心。這樣，反而令躲藏在瓦特堡城堡的路德更安全了。十個月後，路德回到威登堡，儘管皇帝已下令鎮壓路德，但腓勒德力仍繼續保護路德，違抗聖旨，讓他在威登堡帶領教會進行一連串的改革。
7. 自一五二〇年，路德開始不斷透過寫作來宣揚他的改革理念，並在各地出版；腓勒德力採用一種非常寬鬆的出版審查機制，使得路德所有著作都可以順利且合法出版。

腓勒德力是一個老練的政治人物，深謀遠慮，因此被稱為智者腓勒德力。一開始，路德如闖禍那樣，為他添上麻煩。但他卻借用路德這政治難題來鞏固自己的政治實力。在這幾年之間，腓勒德力其實與路德有非常頻密的溝通，但都是透過腓勒德力的私人神父兼機要祕書施巴拉丁(Spalatin)進行，兩人從沒見過面。腓勒德力收到從教宗來的信，他不知道該如何回答，就讓施巴拉丁帶給路德看，問路德意見。路德有麻煩時，他又會透過施巴拉丁向腓勒德力求助。表面上，腓勒德力維持效忠教宗及皇帝，政治正確，但實情卻是路德最大的保護者。

個人方面，路德的屬靈導師施道比次與腓勒德力是幼年時的同學及好友，施道比次親自協助腓勒德力建立威登堡大學，而路德是施道比次在威大的接班人，腓勒德力當然不會苛待路德。再加上，施巴拉丁與路德以前都就讀耳弗特大學，兩人的情誼頗深，腓勒德力這個改教臥底之所以能夠成事，全賴有這位得力助手。

位於沃木斯城內的一座大型的宗教改革紀念像，左前方持劍向上的就是薩克森領主腓勒德力。

當時天主教彌撒領取聖體時，平信徒只能領餅。路德等人在威登堡進行崇拜改革時，鼓勵信徒同時領取餅與酒。據施巴拉丁所說，腓勒德力於臨終前，為他舉行了一場私人彌撒，當時腓勒德力同時領受餅與酒，表示他也皈依了路德所引起的更正教。

今天豎立在沃木斯的馬丁路德宗教改革紀念碑，在最前排一左一右的兩個人物，都是貴族衣裝，還手上拿劍。右手邊長劍向地的是黑森親王腓利（Philip of Hesse），他在日後的教會改革運動上提供很大的政治支持。左手邊，那手持長劍向上的，就是選侯腓勒德力。可見，大家心裏有數，若果沒有腓勒德力對路德的多番保護，路德早就像胡斯一樣被判為異端並且被燒死。一個成功的改革運動，需要裏應外合，且需要有建制派陽奉陰違。

25.
異見生還者(下)
——奇妙的政治形勢所給予的空間

強大的神聖羅馬帝國，
為何未能迅速消滅一個異見者？

腓勒德力之所以能與教宗及皇帝周旋，因為他是選侯。當時神聖羅馬皇帝的產生，是透過小圈子選舉選出來的(以避免教宗干預)；這小圈子共有七位選侯，當中有四個是政治領主，三個是總主教。腓勒德力擁有選侯這個身分和地區的自治實權，加上剛好遇上帝國內各種內憂外患，以致他可以四兩撥千斤。

1. 鄂圖曼帝國土耳其人的準備入侵。鄂圖曼帝國消滅了拜占庭，一路向西發展，征服了東歐諸國，攻陷埃及，對西歐虎視眈眈。一五一八年，教宗看到敵人的威脅增強，於是呼籲德意志各領主撥出資源，為基督王國作戰。既然有求於人，教宗不方便硬要腓勒德力把路德交給羅馬。而且，一五二一年的帝國沃木斯會議，最重要的議程是要團結帝國力量，抵抗鄂圖曼帝國土耳其人入侵。所以，雖然查理五世把路德定罪，但當路德消失了之後，他也無暇追究，因為他有更重要的國家大事需要處理——保護基督教國度和對抗伊斯蘭異教徒。

2. 選立下任神聖羅馬帝國皇帝。一五一八年，神聖羅馬皇帝馬克西米利安（Maximilian）雖然願意協助教宗捉拿路德歸案，但他重病在身，時日無多，所以也無能為力。因皇帝快要駕崩，整個歐洲陷入權力鬥爭，希望下一任的神聖羅馬皇帝是自己屬意的人。當時歐洲有兩大政治家族：哈布斯堡家族（Habsburgs），及霍亨索倫家族（Hohenzollerns）。前者自一四三八年以來，一直出任神聖羅馬皇帝，法國與羅馬教廷都擔心這個家族權力過大。豈料，哈布斯堡家族派出西班牙國王查理二世出選，為了阻止查理二世當選，教宗遊說選侯腓勒德力親自參選。既然教宗再次有求於他，腓勒德力便可順理成章拖延處理路德的事。

3. 新任神聖羅馬帝國皇帝的困境。一五一九年一月十九日馬克西米利安駕崩，各方權力角逐化暗為明，大家無暇顧及路德的事。最後選侯腓勒德力沒有參選，而西班牙的查理二世於一五一九年六月二十八日順利當選，成為神聖羅馬皇帝查理五世。但法國不罷休，經常對他開戰，令查理五世多年來無法專注應付路德所引起的社會不穩定。查理五世當選時才十九歲，從西班牙空降德意志地區，加上完全不懂德語，所以要花時間適應新工作。同時，他還要處理鄂圖曼帝國土耳其人的威脅，於是他定於一五二一年在沃木斯召開國是會議。

4. 新皇帝的政治取態。查理五世知道教宗嘗試阻止他上位，因此當皇帝上任後，對於教宗要求捉拿路德歸案，毫不熱心協助。再者，查理五世知道選侯腓勒德力拒絕出選與他競爭，他能夠順利選上，也要對選侯腓勒德力顯示敬意。因此，他也無意施壓給選侯腓勒德力，命他爽快處理路德一事。路德因此又得到喘息的機會。
5. 德意志民族情緒。德意志人老是被神聖羅馬皇帝騎在上面，非常不爽。當查理二世出選爭取支持時，對德意志領主作出讓步，承諾以後德意志境內若發生任何案件，都會先讓當事人在境內得到一個公平審訊，皇帝不能隨便派軍隊來抓人。因此，當選侯腓勒德力對路德一事不能再拖拖拉拉，是時候要對教宗有所交代，他就要求查理五世先在德意志境內聆訊路德的訴訟。因有選前承諾在先，查理五世無奈接受這個燙手山芋。路德因此一直無需前往羅馬，可以以沃木斯聆訊取替之。沃木斯聆訊期間，德意志其他王侯領主都出於民族情懷，希望「德意志的事，德意志自己解決」，不想路德被送去羅馬。

因為以上各因素，路德這個「大異端」，竟然沒有被迅速燒死。若路德事件發生在西班牙、法國、英國等地，結局會非常不同。這些獨立國家，都是君主獨裁的，對付異端必定快刀斬亂麻；西班牙的異端裁判所，更是歐洲首屈一指。德意志民族，因為並非獨立國家，為求爭取更大自治空間，這些德意志諸侯領主，與不服從教宗及皇帝的路德，竟然變成是同路人。歷史的發展，真難以預料。

26.
「離教者」被迫成為改教者？

> 得悉自己將被逐出教會，
> 馬丁路德如何部署回應？

到一五二〇年下半年，當時路德正處於一個關鍵時刻，逼使他需要有所行動。路德一直希望教宗接納他的忠心評言，採取行動撥亂反正。然而，一五二〇年六月十五日，教宗利奧十世簽發一道詔諭，要求路德在六十日內撤回他的主張，否定自己的異端邪說，否則會被驅逐出教。約兩個月後，這個詔諭的風聲已傳到威登堡，馬丁路德當時仍半信半疑（馬丁路德是在當年十月十一日才收到這個詔諭，最終在一五二一年一月三日被正式「踢出教」）。在這個幾個月內，馬丁路德知道自己那個善良的願望已落空，但是教會內的問題嚴重，不能坐視不理，因此他當機立斷地寫了三本很重要的改革著作，常被稱為「改革三大宣言」。從這個時候開始，馬丁路德才以一個體制外改革派的領袖身分出現。這接近三年的風風雨雨，讓他認識到教會是如何冥頑不靈的，他雖然不斷心懷好意勸説教會建制高層，發揮他們對公正處理教會內的弊端的領導力，但羅馬教廷非但沒有興趣，而且以各種滿有敵意的手法欲把馬丁路德滅聲，甚至要將他從體制內排斥出去。

路德死心了，他認為教會需要全面大改革，形勢已經刻不容緩，而且不能再等待教會的建制有所建樹，他必須在教會建制外另覓他途。教會興亡，匹夫有責，馬丁路德之所以變成一位體制以外的改教領袖，是因他被逼上梁山。在「衞道之士」眼中，馬丁路德太激烈，但他的「激」，是被教會領袖逼出來的。從此，馬丁路德走上一條與教宗衝突的不歸路，被冠以「煽動顛覆教會」罪名。

馬丁路德之前的著作很少提及教會改革，現在既然已經踏上一條不歸路，路德就寫出了他對教會改革的看法。

在兩個月內，他完成了三本著作：《致德意志民族基督徒貴族書，論基督教的改革》、《教會被擄於巴比倫》，以及《基督徒的自由》。

《基督徒的自由》是一本論述基督徒信仰與道德生活的靈修佳作，流暢深刻，仍值得今天信徒仔細閱讀。在本書第二部分第 19 問，也略有介紹。

《致德意志民族基督徒貴族書，論基督教社會的改革》是路德第一本全面探討教會改革的著述，先分析攔阻教會改革的三組結構性因素，再倡議如何推倒這些攔阻，並提出及解釋了共二十七項有關教會及社會的嚴峻問題，急切需要大刀闊斧改革。（詳見本書第 27 問。）

若《致德意志民族基督徒貴族書》好比是路德的政綱，《教會被擄於巴比倫》就是路德的宣戰書，因為在這書中，路德正式否定整個大赦制度，否定教宗的至高權威，甚至超過二十次論述教宗的暴政，或教宗是暴君，把教會擄掠到巴比倫。從這本著作開始，馬丁路德稱呼教宗為敵基督。

本書是這樣開始的，路德説（筆者簡述）：「我幾年前發表了一些討論大赦的書，當時我還沒有全面否定大赦，因為還迷信教廷。他們不是説要把我討論大赦的出版物都燒掉嗎？是的，我也希望書商及所有擁有我這方面著作的人，都把我這方面的著作全燒掉。因為我現在對大赦有一個新看法：『大赦是羅馬諂媚者的邪惡詭計！』」

路德緊接著説：「以前我雖然否定教宗的神授權柄，但我還承認他擁有人間的權柄。教廷建制派近來對我的不斷訓誨，讓我有所學習。我終於明白教權是巴比倫帝國，及創世記十章 8 至 9 節所説的獵人寧錄。大家可以把我相關的書刊燒掉，我現在的看法是：『教權是羅馬主教的瘋狂狩獵工具』。」（背景：一直以來，教宗同時兼任羅馬教區的主教）

在《致德意志民族基督徒貴族書》中，路德拆毀了羅馬所豎立的攔阻改革的三道高牆。在《教會被擄於巴比倫》中，路德要攻入羅馬教廷的核心：七重聖事。正如當日巴比倫帝國把以色列人擄走，使以色列人離開了家園與聖殿，路德指出當時的教權制度也把教會擄去，離開聖經；透過七重聖事，教廷牢牢控制著信徒，從他們出生直到離世。路德只接受水禮及聖餐是聖禮。在討論水禮時，路德同時否定了修道院制度；在討論聖餐時，他特別抨擊教宗的暴政，只讓信徒領餅，不能領酒。

透過上述兩本著作，路德顯示了決心，認為教會必須進行一場大改革；這兩本小書也呼籲大家加入這個改革運動之中。

馬丁路德原本只想在隱修院中度過一生，但陰差陽錯，把他推到改革運動的領導位置。發表《九十五條論綱》，本來只是一件平常事，路德毫無雄心壯志要做一位偉大的改革家，但掌管歷史的上帝，使到無心插柳柳成蔭。

27.
教會改革，何其困難！

馬丁路德為何要提出改革政綱？

既然希望教會的建制能帶動由上而下的小改革是緣木求魚，馬丁路德就只能從下而上地推動改革；但一般信徒既無權也無力去推動改革，於是馬丁路德認為信徒的領袖人物應該成為推動力。德意志的基督徒貴族（包括皇帝、諸侯王、貴族、領主、市議員），在社會上已屬領導階層，所以路德鼓勵他們召開一個教會大公會議討論改革事宜。這就是《致德意志民族基督徒貴族書，論基督教社會的改革》寫作緣由。

馬丁路德這樣分析當時的形勢：「羅馬教徒極其機巧地建築了三層城牆，他們一向是用這三層城牆來掩護自己，使別人不能改革他們；這是整個基督教非常腐化的原因。第一，當他們受俗世權力所迫的時候，他們就制定了教諭，說俗世權力不能管轄他們，反而宗教的權力是超乎俗世權力之上。第二，若有人根據聖經譴責他們，他們就加以反駁，說聖經的解釋，除教宗以外不屬於任何人。第三，若有人提議召開教會會議，他們就用胡言回答說，除教宗以外，沒有人能召集會議。」

針對這些阻止改革的結構性因素，馬丁路德寫出如何拆下這三幅高牆的對策。「我們首先要進攻第一層城牆。他們稱教宗，主教，神父和修道士為『屬靈的階級』，稱君主，貴族，工人和農人為『屬世的階級』。這真是巧妙的一個謊言和虛偽」。路德反對這種「聖俗二分」，因為大家都是在同一個基督身體上的不同肢體。他把「信徒皆祭司」這個神學命題，發揮在治理教會上；既然大家都是祭司，大家就都是神父，都是主教，都可參與治理教會。當專職帶領教會的人把教會帶進危難之中，信徒領袖就要站出來要求教會改革。

對於第二層城牆，就更容易攻破，因為馬丁路德時代的知識分子，都知道之前兩百年間不少教宗都犯了很多錯誤，若我們把聖經的詮釋權讓給教宗，「那麼當教宗錯誤的時候，誰能幫助基督教界呢？」

至於第三層城牆，馬丁路德承認在一般情況中，教會大公會議由教宗召開。但若教會落入極大危機當中，特別是當教宗本人就是危機的根源時，在這個危急的情況，就必須有緊急措施。「假如在城中起了火，大家都袖手旁觀，讓火勢蔓延，焚毀一切，只因無人有市長的權柄，或因那火是在市長的家裏著起的，那豈不是反自然的事麼？遇著這種情形，每個公民豈不是有責喚起其他的公民大家來救火麼？假如在基督屬靈的城中起了罪惡之火，無論這火是在教宗的統治下或其他的地方，大家豈不更應該這樣行麼？」「所以在必要和在教宗危害全基督教的時候，第一個有能力的人，就應該以他作全身的忠實肢體的身分來盡其所能，召集一個真自由的會議」。

然後，路德在這書中詳細提出了二十七項改革，涵蓋教會、大學、社會與政治。

路德最後總結說：「我很清楚我的話直言不諱，我有許多提議在別人看來是不可能的，我對很多事作出非常嚴厲批評。但我要怎麼辦呢？職責所在，非講不可。」（筆者中譯）路德的時代，很多人，特別是神職人員，為求升官發財，為求不惹麻煩上身，不敢得罪權貴，所以這些人對教會、社會、及時代的問題，都扮傻裝睡。要麼視若無睹，三緘其口，要麼對真相作無恥的歪曲，習慣講鬼話，不會講人話。為何路德不隨波逐流，不跟隨當權者的主旋律和應，反而要寫出這篇得罪人多、恭維人少的改革宣言？原因很簡單，他是一個認真盡責的神學博士／教師，「職責所在，非講不可」。

一個修道士、神父、大學教授，也可以蒙蔽良心。當時有很多人，好像今天香港社會一樣，依附建制，對社會接二連三發生的壞事，扮看不到、聽不到，也不會講出真相，只會歌功頌德。若大家都在昏睡，教會與社會只會繼續腐敗，改革運動也不會發生。

28.
時勢造英雄？

> 馬丁路德改革運動成功，
> 是時勢造英雄，還是英雄造時勢？

在一五二一年下半年，路德匿藏在瓦特堡城堡避風頭。一五二二年三月，路德回到威登堡，與他的同工展開一連串的教會及社會改革（崇拜形式、解散隱修院、神職人員結婚、幼兒教育等）。改革運動如火如荼進行，德意志各地有志改革的大學與教會都來威登堡取經。改革運動，也在歐洲遍地開花，蔓延到整個北歐及跨越英倫海峽。（這段非常豐富的改革歷史，不是本書的重點，故從略。）

馬丁路德帶領的改革運動取得成功，並改變了歐洲教會、社會、及文化。回顧歷史，有些人傾向用「時勢造英雄」的角度來解釋這個運動的成功。

1. 活版印刷——德國人古登堡（Gutenberg）於一四三九年發明了活版印刷，提供了一個極好的大眾傳播工具，讓路德宣揚他的改革理念。特別是當沃木斯會議之後，馬丁路德被判為不法之徒，人皆可誅殺他。路德因此只能留在薩克森等地，未能在全德意志地區四處自由行動，只能靠不斷出版講章及小冊子，宣揚他的思想。
2. 德意志的民族意識——德意志的各諸侯領主，很多都有民族意識，希望民族自決。他們借路德一事，順水推舟，擴大自己的政治空間，抵制教宗及神聖羅馬皇帝的異族獨裁。其實自十五世紀初的康士坦斯大公會議（Council of Constance），德意志的領袖都不斷提出《德意志人民的投訴》（*Gravamina*），投訴羅馬採用各種方式剝削德意志人民。路德於一五二〇年的《致德意志民族基督徒貴族書，論基督教社會的改革》，提出二十七項改革措施，也參考了一五一九年最新版本的《德意志人民的投訴》。當神聖羅馬皇帝查理五世於一五二一年的沃木斯會議判路德有罪，他要求各地領袖鎮壓路德及其支持者，出席這個會議的德意志政治領袖，又提出了一個更詳盡的《德意志人民的投訴》，提出共一百零一項對教廷的投訴及改革要求。

3. 有利路德的政治形勢——因為帝國外的威脅（土耳其人、法蘭西人），以及帝國內的不穩定（為爭奪神聖羅馬皇帝位置而展開的政治角力），以致老練的選侯腓勒德力可以左右逢源，保護路德不致被捕燒死。

4. 文藝復興運動——文藝復興運動強調要回到原典，伊拉斯姆（Erasmus）因此出版了他對希臘文新約聖經的研究心得，指出當時《武加大譯本》（Vulgate）這本拉丁文聖經有很多翻譯上的錯誤。路德早年的希臘文沒有那麼好，伊拉斯姆的研究心得，為路德提供了很好的武器，用作攻擊羅馬教廷的愚昧無知，以及因此帶來的錯誤教導。腓勒德力剛開始時不知如何對待馬丁路德才算是好，他於是徵詢了伊拉斯姆的意見。伊拉斯姆認為教廷對路德不懷好意，且對重視聖經原典研讀的人文主義學者也同樣敵視，所以他遊說腓勒德力要保護路德。而且，當教廷再三暗示《九十五條論綱》為異端言論後，各地的人文學者都發言支持路德。

以上這些「天時、地利、人和」，對路德發起的改革非常有利；這是事實，但也只是事實的一半。為何路德之前，沒有任何改革領袖冒出來?路德登上歷史舞台後，沒有人迅速取代了路德的領導地位(特別是當他在瓦特堡匿藏的十個月)?路德的個人因素，也是整個改革運動成功的關鍵。

1. 路德為人非常認真，無論是自己的信仰生活、他的牧靈工作、大學教學、教會講道，以及他身為教會教師的身分，都會全力以赴。因此，才有《九十五條論綱》及《論大赦與恩典的講章》的問世及熱烈的反應。當時教會內雖然也有幾個人發聲，但只能產生一瞬間的漣漪，未能一石激起千層浪。（路德的導師施道比次比路德更早出版對當時大赦制度的批評的著作，但這未能引起熱烈討論。）

2. 路德因為長期講道，培養出流暢的文筆，雅俗共賞的筆觸，說理清晰易明。因此，他自《論大赦與恩典的講章》後，不斷出版全德意志的暢銷書，為改革運動提供優良讀物。相反地，建制派的天主教神學家，也是不斷出版反駁路德的書刊，也是利用活版印刷這種新的技術，但完全不能挽回民意劣勢。

3. 路德因為發表《九十五條論綱》，不小心踩進一個地雷陣。當發現形勢比人強的時候，他沒有知難而退，沒有以「修補與中央的關係」為由轉軚，德意志的人都欣賞路德的正直和勇氣，因此願意跟隨這個領袖。他相繼得罪了全歐洲權力最大的兩個人，其實內心煎熬很大，也與他自入修院後一向服從的性格相反。在沃木斯聆訊的第一天日與夜，路德都顯得猶疑不決，恐懼慌張，內心激烈交戰。他知道被皇帝判刑後，等著他的就是抓捕他的皇家士兵；在這個如此惡劣的環境中，路德最終選擇向地上最高掌權者堅持講真話。他的最後陳述，顯示出他甘願殉道也不違背良心及聖經；他甘願付出生命代價，也要推動改革運動。

「時勢造英雄，英雄造時勢」兩者，其實不是必然互相排斥。就馬丁路德與宗教改革運動而言，兩種因素都有。

29.
今天的教會是
披著基督教外衣的舊式天主教？

> 今日華人教會，是繼續走馬丁路德的路？
> 還是走回頭路？

宗教改革啟動五百週年了，有些基督教會還流行一個陳腔濫調的童話：王子打退了怪獸，拯救了公主，從此他倆永遠幸福在一起。話說很久以前，有一個公主叫教會，教會被一隻名叫教皇的怪獸長期擄掠。五百年前，一個名叫馬丁路德的王子張貼出《九十五條論綱》，向教皇宣戰，馬上展開一場浩浩蕩蕩的改教運動，把教會救出魔爪；從此教會回到上帝的話語，一勞永逸，安安樂樂永遠保持為正統健康的教會。

真實生活，不會如童話故事的結語：他倆永遠非常幸福生活下去。經過馬丁路德及其他改教領袖所改革的基督教會，這個新婦，也不會如童話故事式般永遠與基督融洽地生活下去。基督教會擺脫天主教後，並非從此就永遠健康地發展，不再需要任何大規模改革，我們不宜安心自滿。

西方教會有一名言，香港教會甚少提起：「一個已改革的教會，必須永遠繼續接受改革」（*Ecclesia reformata, semper reformanda*）。當教會以為改革只是五百年前的過去式，與今天教會無關，我們可能在某些意義上，不自覺地變成披著基督教外衣的舊式天主教。馬丁路德當日所提出的攔阻教會改革的三道高牆，今天是否以其他形式還存在於華人教會內？或是今天的教會還建立了更多阻止改革更新的高牆？求主憐憫！

我們常譏笑五百年前天主教的醜聞，難道今天香港基督教教會就沒有醜聞嗎？恐怕只是沒有被公開，或者已遭滅聲。當教會拒絕改革，把提出改革的會友邊緣化，甚至想辦法令他們在教會內滅聲，這只會製造另一個馬丁路德，使他由一個體制內溫馴服從的修士，劇變為一個體制外激烈的批判者。

《九十五條論綱》問世五百年後，天主教已作出很多改革，甚至有超越基督教之處，如他們這百多年來作出非常豐富的社會訓導，回應社會發生的事及議題，並教導教友關心社會，這是基督教需要不斷向他們學習的地方。

30.
平反！？

> 當代天主教對馬丁路德的「分裂教會罪」
> 如何作出平反？

以上筆者反覆強調，馬丁路德之所以變成一個大改革領袖，是因為他被逼上梁山。教宗利奧十世完全不理會路德的評言，不斷打壓他，逼他滅聲，甚至要把他逼上死路。教宗的策略乃是對人不對事，慣性地以「絕罰」來威脅路德，因此他下定決心要作出反抗。

對於這個歷史轉捩點，當代天主教也為路德平反了。來自天主教官方最高層的文獻《從衝突到共融》裏，有以下這一段話：

> 於是，教宗在一五二零年六月十五日頒佈一道名為

> 《主起來吧》(*Exsurge Domine*)的訓令，譴責從路德不同著作中找出來的四十一條命題。雖然它們全都可以在路德不同著作中找到，並且一字不誤地引述，但在引用時並沒有考慮到它們的上文下理。《主起來吧》形容這些命題是「屬於異端，或是誹謗性，或是虛假的，或冒犯虔敬信徒的耳朵，或對思想單純的人來説是帶危險性的，又或是對大公真理具顛覆性的」，但卻沒有指明哪一條命題是屬於哪一類。（第 50 段）

言下之意，這段文字承認當時教宗把路德驅逐出教的理據，其實是薄弱的 。

馬丁路德展開改革運動後，天主教一直對路德最大的指控，是他顛覆分裂教會。然而，在梵蒂岡廣播電台中文網頁上可找到的《天主教歷史淺談》這書內，談到宗教改革那章，最後的結論是這樣的：

在西方，一提到「宗教改革」，無疑是指羅馬天主教內部的分裂。分裂這件事，不論在哪方面，總是一種不幸的災禍，於是當事人或後來的人總要追究原因和責任。關於西方羅馬天主教內部因馬丁路德而導致的分裂，一般人很快地會歸咎於教會內部很多人瀆職，濫用權勢，致使一些人看不慣教會變了質，又無力挽回狂瀾，終於失望地放棄了天主教會。

換言之，這論述完全沒有怪罪路德。教會分裂的主因，乃是當時天主教教會領袖的瀆職和濫權。這種看法，與基督教完全一致。

曾任天主教宗座基督徒合一促進委員會主席的瓦爾特．卡斯培（Walter Kasper），用詞更重。他說：「羅馬及當時的主教對路德所呼籲的悔改信息聽而不聞，他們非但沒有以悔改及帶動改革來作出回應，反而無事生非，以譴責聲討來回應路德。」因此，路德日後的改革導致教會分裂，羅馬是共犯（complicity）。

天主教教會內還是有思想封閉的人，他們都不會認同上述對路德的平反。但開明的天主教徒，他們自我反省力很強。但願香港基督教會內，教會領袖的自我反省能力，要比得上這些開明的天主教徒！

附錄

宗教改革：一場學生運動、社會運動、不服從運動，以及抗命運動

本書的重點在於馬丁路德的變化，從一個服從性很高的修士，蛻變為一個不服從運動的領袖。整個改教運動，當然不是他一人唱獨腳戲，也不是一名英雄獨領風騷。

首先，這是一個教授在前帶領，學生在後推動的學潮。威登堡大學是一所新的大學，是由薩克森領主腓勒德力所創辦的，且有濃厚的文藝復興精神，因此，它與德意志地區歷史悠久的大學不同，沒有受到建制教會的控制（用今天的話說，裏面沒有黨委書記）。道明會（Dominicans）對歐洲大學影響很大，很多名牌大學都有道明會修士任教，這班修士是忠於教廷的一羣；然而，支持威登堡大學

發展的是奧古斯丁修會，道明會並沒有參與其中；日後與路德打對台戲的，很多都是道明會修士。因此，當馬丁路德發表了《九十五條論綱》之後，大學的師生均很快作出表態支持路德的意見。教宗對路德不是說之以理，而是壓之以力，他的舉動非但沒有嚇怕威大師生，反而讓大家氣憤，為路德打氣。若馬丁路德身在一所名牌大學，際遇會截然不同。

當時擔任聖伯多祿大赦宣講員的特次勒（Tetzel），就是道明會修士。當路德發表了《九十五條論綱》後，特次勒也發表文章，為自己辯護。一五一八年三月，威大學生就把特次勒的自辯文章燒掉，這是威大學生運動的開始。一五一九年，路德及其他老師往萊比錫（Leipzig）與神學家埃克（Eck）進行公開辯論，隨行有大概兩百個學生，沿途護送老師。一五二〇年六月教宗利奧十世發表《主起來吧》教諭，脅迫路德驅逐出教；教諭於是年九月送到德意志地區，在各大城市張貼，大學生卻在教諭上塗鴉或磨損。

隨著這個教諭的通知，教廷特使在德意志各地區也公開焚燒路德著作。十二月十日，威大師生發起一個以牙還牙的焚書活動，把士林神學書籍及攻擊路德的文章都在城外河邊放火燒掉；路德也在該活動中，把他接到的《主起來吧》教諭，以及一些教會法規的書籍，都一併丟到火中（相當於今日在香港焚燒基本法）。當老師陸續回到城內，威大學生繼續在河邊集會抗議教宗利奧十世，為期兩天，直至被市政府阻止。可見，這是一場學生運動。

隨著馬丁路德的德文通俗著作出版及暢銷，路德在德意志的影響與日俱增。一五二一年四月，路德奉命前往沃木斯出席帝國議會聆訊，沿途在每一個城鎮都受民眾夾道歡迎，並徇眾要求停留該處講道。一個廣泛的社會運動正在形成。比路德早兩個月到達沃木斯的教廷特使亞良德（Aleander），他於抵達後寫信回教廷：「整個德意志地區的人都作反了；十個人中有九個都吶喊『路德！』第十個就喊叫『打到教宗！』」可見當時社會對「太上皇」的反感。

當路德到達沃木斯後，大批人民已經在那裏聚集，歡迎路德，為路德打氣。於此，一場社會運動已經展開了。日後一五二四年爆發的農民起義，是路德也控制不了的激烈社會運動。

沃木斯帝國會議聆訊結束後，神聖羅馬皇帝查理五世頒發法令，判路德為罪犯，人皆可誅殺他，而且禁止任何人對路德或其跟隨者提供援助。這是來自沃木斯帝國議會及皇帝的法令（Edict of Worms），非同小可！然而，當路德於瓦特堡城堡避風頭的十個月後，即是一五二二年三月，他重返威登堡，正式推動教會改革的各種事務。整個威登堡城，在薩克森領主腓勒德力默許下，都把這個沃木斯帝國法令當作廢話，這是一個公然的不服從運動，一場抗命運動。

由於查理士五世又相繼忙於西面與法國打仗，以及應付東面的鄂圖曼土耳其人的準備入侵，所以無暇理會這個大規模的抗命運動。直到這些戰事暫告一段落，他才威脅發兵鎮壓這個抗命運動。為了應對中央政府的鎮壓，已經改教的德意志地區於一五三一年組成一個施馬迦登聯盟（Schmalkaldic League），準備武裝對抗皇家軍隊。這樣，一場公民抗命的運動，演變為一場以武力抵抗的運動。

內戰終於爆發，一五四七年，也就是馬丁路德去世後第二年，皇家軍隊擊敗施馬迦登聯盟，威登堡也投降，路德遺孀卡塔琳妮（Katharina）被迫出走威登堡。後來，施馬迦登聯盟又轉敗為勝，最終於一五五五年雙方簽署奧斯堡和約（Peace of Augsburg），德意志信義宗教會在帝國內得到合法地位，與天主教會平分天下。

我們當然不可能把宗教改革化約為政治運動，這裏只是想提醒讀者，這場改革運動雖然是以宗教為主，但其社會運動及政治運動的維度也相當清晰。因此，香港信義宗神學院的李廣生教授指出，The Reformation 的中譯為宗教改革是過度狹窄，應譯為「改革運動」才對。

引用書目及文獻

一、全書引用書目

Comby, Jean. *How to Read Church History*. Vol. 1. *From the Beginnings to the Fifteenth Century*. New York: Crossroad, 2000.

Comby, Jean and Diarmaid MacCulloch. *How to Read Church History*. Vol. 2. *From the Reformation to the Present Day*. New York: Crossroad, 2000.

Erasmus, Desiderius. *The Praise of Folly and Other Writings*. Selected, translated, and edited by Robert M. Adams. New York: Norton, 1989.

Forell, George W., ed. *Luther's Works*. Vol. 32. *Career of the Reformer II*. Philadelphia: Fortress, 1958.

Grimm, Harold J., ed. *Luther's Works*. Vol. 31. *Career of the Reformer I*. Philadelphia: Fortress Press, 1957.

Hamm, Berndt. *The Early Luther: Stages in a Reformation Reorientation*. Grand Rapids, Michigan: Eerdmans, 2014.

Hendrix, Scott H. *Martin Luther: Visionary Reformer*. New Haven: Yale University Press, 2015.

Hillerbrand, Hans, ed. *The Protestant Reformation*. New York: Harper, 2009.

Kasper, Walter. *Martin Luther: An Ecumenical Perspective*. Translated by William Madges. New York: Paulist Press., 2016.

Kittelson, James M. and Hans H. Wiersma. *Luther the Reformer:*

The Story of the Man and His Career. 2nd edition. Minneapolis: Fortress, 2016.

Lindberg, Carter. *The European Reformations*. 2nd edition. Malden, MA: Wiley-Blackwell, 2010.

Luther, Martin. *The 95 Theses*. Document on-line. Available from Luther.de website (http://www.luther.de/en/95thesen.html). Accessed July 2017.

Matheson, Peter, ed. *A People's History of Christianity*. Vol. 5. *Reformation Christianity*. Minneapolis: Fortress, 2010.

New Catholic Encyclopedia. 2nd edition. 15 vols. Farmington Hills, Michigan: Gale, 2003.

Pettegree, Andrew. *Brand Luther:1517, Printing, and the Making of the Reformation*. New York: Penguin, 2015.

Rahner, Karl. "Indulgences." In *Sacramentum Mundi: An Encyclopedia of Theology*, vol. 3, 123 ~ 129. Edited by Karl Rahner with Cornelius Earnst and Kevin Smyth. New York: Herder and Herder, 1968.

Robinson, Paul W., ed. *The Annotated Luther*. Vol. 3: *Church and Sacraments*. Minneapolis: Fortress, 2016.

Roper, Lyndal. *Martin Luther: Renegade and Prophet*. London: Penguin, 2016.

Rupp, E. G. and Benjamin Drewery. *Martin Luther: Documents of Modern History.* London: Edward Arnold, 1970.

Schilling, Heinz. *Martin Luther: Rebel in an Age of Upheaval*. Translated by Rona Johnston. Oxford: Oxford University Press, 2017.

Schirrmacher, Thomas. *Indulgences: A History of Theology and Reality of Indulgences and Purgatory – A Protestant Evaluation*, 2nd corrected edition. Eugene, Oregon: Wipf and Stock, 2014.

Strauss, Gerald. "Gravamina." In *Oxford Encyclopedia of the Reformation*, vol. 2, 190～191. Edited by Hans J. Hillebrand. Oxford: Oxford University Press, 1996.

Wengert, Timothy J., ed. *The Annotated Luther*. Vol. 1: *The Roots of Reform*. Minneapolis: Fortress, 2015.

Wengert, Timothy J., ed. *Martin Luther's 95 Theses: With Introduction, Commentary, and Study Guide*. Minneapolis: Fortress, 2015.

Wengert, Timothy J., ed. *Dictionary of Luther and the Lutheran Traditions*. Grand Rapids: Baker Academic, 2017.

Wengert, Timothy J. "The Wittenberg Circle." In *The Oxford Handbook of Martin Luther's Theology*, 491 ～ 501. Edited by Robert Kolb, Irene Dingel, and L'ubomir Batka. Oxford: Oxford University Press, 2014.

輔仁神學著作編譯會編：《公教會之信仰與倫理教義選集》。台北：光啟文化事業，2013。（參 Heinrich Denzinger, *Enchiridion symbolorum definitionum et declarationum de rebus fidei et morum*）。

「天主教教理」。網上資料。取自 *La Santa Sede* 中文版網頁（http://www.vatican.va/chinese/ccc_zh.htm）。

「天主教歷史淺談」。網上資料。取自梵蒂岡廣播電台網頁（http://www.radiovaticana.va/cinesebig5/churchistory/storiaconcis/2storia03.html）。

中譯本工作小組編：《從衝突到共融》。香港：基督教香港信義會及天主教香港教區，2017。

伯恩特·漢姆：《早期路德：信心的突破》。李淑靜、林秀娟譯。新竹：中華信義神學院，2017。

李廣生：《一石激起千層浪：改革運動教會歷史簡介》，增修版。香港：道聲，2016。

柯特·艾倫編：《九十五條及有關改教文獻考》。王建屏、鄭秀清譯。香港：道聲，1989。

馬丁路德：《基督徒的自由》。和士謙、陳建勛譯。香港：道聲，2011。

李廣生主編：《路德選集》新編修版，上冊。香港：基督教文藝，2017。

雷雨田、伍渭文編：《路德文集》共四卷。香港：香港路德會文字部，2003、2004、2015、2016。

廖元威：《威登堡風雲：馬丁路德的朋友與對手》。台北：道聲，2016。

潘霍華：《追隨基督》。鄧肇明、古樂人譯。香港：道聲，1974。

二、各章引用文獻

本書每一問引用的資料如下。引用資料之格式，通常是按作者，文獻，頁數(若作者資料不詳或太複雜，則是：文獻，年份，頁數)。詳細出版資料請看上一部分「全書引用書目」。

自序

Roper, *Martin Luther*.

第一部

第 2 問

Schirrmacher, *Indulgences*, 19～24.
Wengert, *The Roots of Reform*, 14～15.
Wengert, *Martin Luther's 95 Theses*, 41.

第 3 問

Schirrmacher, *Indulgences*, 60～65.
Wengert, *Martin Luther's 95 Theses*, xviii.

第 4 問

Erasmus, *The Praise of Folly and Other Writings*, 42.
Hendrix, *Martin Luther*, 59.
Wengert, *The Roots of Reform*, 15～17.
Wengert, *Martin Luther's 95 Theses*, xviii～xix.

第 5 問
Schirrmacher, *Indulgences*, 31～35, 68～71.
Wengert, *Martin Luther's 95 Theses* , xix～xxi.

第 6 問
Pettegree, *Brand Luther*, 53～63.
Schirrmacher, *Indulgences*, 74～76.
Wengert, *Martin Luther's 95 Theses*, xxii～xxiii.

第 7 問
Hendrix, *Martin Luther*, 34.
Kittelson et al., *Luther the Reformer*, 15～22.

第 8 問
Hendrix, *Martin Luther*, 44.
Kittelson et al., *Luther the Reformer*, 45～51.
Dictionary of Luther and the Lutheran Traditions, 704, "Staupitz, Johann von."
柯特．艾倫：《九十五條及有關改教文獻考》，23～24。
廖元威：《威登堡風雲》，74～85。

第 9 問
Hendrix, *Martin Luther*, 50.
Pettegree, *Brand Luther*, 49, 51～52.
Wengert, *Martin Luther's 95 Theses*, xxxi, xxxvii.

第 10 問
New Catholic Encyclopedia, vol. 12, 436～441, "Indulgence."
Rahner, "Indulgences," 127～129.
Schirrmacher, *Indulgences*, chapter 5.
輔仁神學著作編譯會：《公教會之信仰與倫理教義選集》，414、676。
「天主教教理」〔網上資料〕，1471～1479 條。

第二部

第 11 問
Pettegree, *Brand Luther*, 62～64.

第 12 問
Hendrix, *Martin Luther*, 61.
Schilling, *Martin Luther*, 131.
Wengert, *The Roots of Reform*, 21, 25, 34.
Wengert, *Martin Luther's 95 Theses*, xxx～xxxv, xxxvii.
Dictionary of Luther and the Lutheran Traditions, 223～227, "Erasmus of Rotterdam."

第 13 問
Wengert, *The Roots of Reform*, 29～30.
Wengert, *Martin Luther's 95 Theses*, xliii～xliv.

第 14 問
Grimm, *Career of the Reformer I*, 25～33.
Luther, *The 95 Theses* [document on-line].

第 15 問
Hamm, *The Early Luther*, 85 ~ 109.
Kasper, *Martin Luther*, 10 ~ 11.
伯恩特 · 漢姆：《早期路德》，277 ~ 318。

第 16 問
Wengert, *Martin Luther's 95 Theses*, xxix ~ xxxl, 27 ~ 31.
柯特 · 艾倫：《九十五條及有關改教文獻考》，51 ~ 53。

第 17 問
Pettegree, *Brand Luther*, 80 ~ 82.
Wengert, *Martin Luther's 95 Theses*, 37 ~ 39.
柯特 · 艾倫：《九十五條及有關改教文獻考》，46 ~ 50。

第 18 問
潘霍華：《追隨基督》，頁 32 ~ 33。

第 19 問
Schilling, *Martin Luther*, 139.
馬丁路德：《基督徒的自由》，1 ~ 56。

第 20 問
「天主教歷史淺談」〔網上資料〕。
中譯本工作小組：《從衝突到共融》，16、19。
Kasper, *Martin Luther*, 5 ~ 6, 9 ~ 11.

第三部

第 21 問

Kittelson et al., *Luther the Reformer*, 67, 80, 85 ~ 92, 100 ~ 103.
Pettegree, *Brand Luther*, 70.

第 22 問

Comby, *From the Beginnings to the Fifteenth Century*, 183 ~ 184.
Comby et al., *From the Reformation to the Present Day*, 7.
Kittelson et al., *Luther the Reformer*, 110 ~ 111.

第 23 問

Forell, *Career of the Reformer II*, 109 ~ 113.
Kittelson et al., *Luther the Reformer*,118 ~ 121.

第 24 問

Kittelson et al., *Luther the Reformer*, 80, 123 ~ 124.
Lindberg, *The European Reformations*, 78 ~ 80.
Dictionary of Luther and the Lutheran Traditions, 213 ~ 214, "Electors of Saxony."
廖元威：《威登堡風雲》，116 ~ 120。

第 25 問

Kittelson et al., *Luther the Reformer*, 116 ~ 117.
Lindberg, *The European Reformations*, 75 ~ 77.

第 26 問

Robinson, *Church and Sacraments*, 9 ~ 12, 13 ~ 15.

李廣生：《路德選集》，263。

第 27 問

Wengert, *The Roots of Reform*, 369～375.
李廣生：《路德選集》，187～188、193、196。

第 28 問

Hillerbrand, *The Protestant Reformation*, 3～13.
Kittelson et al., *Luther the Reformer*, 80, 97～98.
Strauss, "Gravamina," 190～191.
Wengert, *Martin Luther's 95 Theses*, 38～39.
Dictionary of Luther and the Lutheran Traditions, 223～227, "Erasmus of Rotterdam."

第 30 問

Kasper, *Martin Luther*, 13.
中譯本工作小組：《從衝突到共融》，27。
「天主教歷史淺談」〔網上資料〕。

附錄

Kittelson et al., *Luther the Reformer*, 100, 118.
Lindberg, *The European Reformations*, 83, 85, 225～232.
Matheson, *Reformation Christianity*, 1～19.
Rupp et al., *Martin Luther*, 54.
Wengert, "The Wittenberg Circle," 491～501.
李廣生：《一石激起千層浪》，1～7。

研習團在路德出生地，「野生捕獲」馬丁路德博士夫婦（這是當地二〇一七年的特別安排）。

瓦特堡城堡位於山崗上，二〇一七年五月二十三日筆者帶同研習團到此一遊。

左：昔日路德於沃木斯接受皇帝聆訊的房子已倒塌，目前變成了一個小公園。二〇一七年開始，公園內有新的紀念物；其中之一就是這雙超大碼的路德時代的鞋子銅塑。導遊小姐請我站上去，然後問我在做甚麼？我回答："Here I stand"。

右：導遊小姐叫我往前走，我回答："I cannot do otherwise"。一個非常有心思的設計！